Der Bileam Prozess

WINFRIED STÖHR

Der Bileam Prozess

Seelisch und spirituell wachsen und Ziele erreichen

Bibliografische Information der Deutschen Nationalbibliothek
Die Deutsche Nationalbibliothek verzeichnet diese Publikation
in der Deutschen Nationalbibliografie; detaillierte bibliografische
Daten sind im Internet über http://dnb.d-nb.de abrufbar.

*Die automatisierte Analyse des Werkes, um daraus Informationen
insbesondere über Muster, Trends und Korrelationen gemäß §44b
UrhG (»Text und Data Mining«) zu gewinnen, ist untersagt.*

Lektorat: Karola Neutze
Satz, Umschlaggestaltung und Verlag: BoD · Books on Demand
GmbH, In de Tarpen 42, 22848 Norderstedt, bod@bod.de
Druck: Libri Plureos GmbH, Friedensallee 273, 22763 Hamburg

ISBN: 978-3-7693-3046-5

Der Autor betrachtet die biblische Geschichte Bileams aus einer psychologischen Perspektive und verknüpft sie mit seinen Erfahrungen, die er während seiner über 35jährigen Tätigkeit als psychologischer Psychotherapeut machen durfte. Dieses Buch hat daher nicht den Anspruch einer theologischen Interpretation.

Die hier vorgestellten Informationen und Hinweise beruhen auf den Erfahrungen des Autors und sind nach besten Wissen und Gewissen geprüft. Aber nur Sie selbst können entscheiden, ob und wieweit Sie diese Anregungen in ihrem Leben umsetzen können und möchten. Die Lektüre dieses Buches ersetzt keineswegs fachkundigen ärztlichen oder psychologischen Rat bei seelischen, psychosomatischen oder körperlichen Erkrankungen. Nicht jede Erkrankung ist auf einen gescheiterten oder blockierten Entwicklungsprozess zurückzuführen. Lassen sie sich in allen Zweifelsfällen von einem Arzt oder Psychotherapeuten beraten. Weder der Verlag noch der Autor können für eventuelle Nachteile oder Schäden, die aus der Anwendung der Hinweise aus diesem Buch resultieren, eine Haftung übernehmen.

Ausschließlich zum Zweck der besseren Lesbarkeit wurde auf eine genderspezifische Schreibweise sowie eine Mehrfachbezeichnung verzichtet. Alle personenbezogenen Bezeichnungen sind somit geschlechtsneutral zu verstehen.

Inhalt

Vorwort

Herausforderung oder neue Aufgabe, Hindernisse, Krise, Offenbarung und neuer Weg – wir alle sehen uns im Leben immer wieder mit solchen Situationen konfrontiert. Anhand der biblischen Geschichte des Sehers Bileam aus dem 4. Buch Mose wird deutlich, wie die einzelnen Schritte unserer individuellen seelischen und spirituellen Entwicklung ablaufen und bewältigt werden können.

Bist du bereit, diese Schritte in deiner persönlichen Entwicklung zu erkennen und Herausforderungen und Ziele entsprechend neu einzuordnen, ist die Geschichte von Bileam eine Möglichkeit, deinen eigenen Weg besser zu verstehen. Mit dem Überblick über die Prozesse lässt sich eine neue Perspektive ausmachen, um so zu lernen, besser mit Herausforderungen, Aufgaben und Krisen umzugehen.

Auf unserem Lebensweg durchlaufen wir immer wieder seelische Entwicklungen. Dabei machen wir Erfahrungen und verändern uns. **In diesen Prozessen wachsen wir seelisch und entfalten unsere Talente und Fähigkeiten.** Wir bleiben nicht stehen, denn das Leben ist im Fluss.

Haben wir Entscheidungen getroffen, gehen wir danach bestimmte Wege, andere lassen wir liegen. Dabei begegnen wir unweigerlich Herausforderungen, Problemen und Hindernissen. Wir neigen dazu, diese als negativ zu betrachten, und haben die Tendenz, Schwierigkeiten auszuweichen. Aber nur wenn wir uns **diesen Aufgaben stellen**, können wir weitere Entwicklungsschritte auf der seelischen (und sogar auf der spirituellen) Ebene machen.

In der Regel sind wir uns dieser Prozesse nicht bewusst. Hindernisse tauchen oft unvermittelt auf und stören uns auf dem Weg, den wir gehen wollen. Auf der Suche nach Auswegen und Lösungen geraten wir gelegentlich in Krisen.

Zunächst verunsichert uns das meist, denn wer ist schon auf Probleme oder gar Krisen vorbereitet? In solchen Situationen entscheidet sich allerdings häufig der nächste Schritt, den wir machen können, den wir aber **vorher als Möglichkeit nicht wahrgenommen haben**.

Wie gehst du damit um? Die Option, ganz aufzugeben, stehenzubleiben oder sich zurückzuziehen, mag verlockend erscheinen. Aber du kannst auch voranschreiten, obwohl es schwierig wird, nichts mehr zu gehen scheint und dich alle bisherigen Fähigkeiten in einer vermeintlichen Sackgasse nicht mehr weiterbringen.

Was passiert mit dir auf solch einem Weg? Verstehst du ihn überhaupt? Wenn du spürst, dass dein Verstand an seine Grenzen kommt, geraten deine Gefühle in den Fokus.

Wie kannst du deine Gedanken und Gefühle ausrichten, um deine Ziele auch an unerwarteten Wendepunkten zu erreichen? Es geht darum zu erkennen, welche Fähigkeiten du auf deinem Weg erlernen musst, um neue Perspektiven zu finden.

Ein weiterer Aspekt sind **Krankheiten und Symptome**, die inmitten eines solchen Prozesses auftreten können.

Das kann eine gewöhnliche Erkältung oder Grippe sein, die dich ausknockt. Oder Erschöpfungszustände. Es kann auch durchaus vorkommen, dass hinter psychischen, psychosomatischen, ja manchmal auch hinter körperlichen Symptomen unbewusste Entwicklungsaufforderungen stecken. Ich will das nicht generalisieren, denn das muss nicht so sein. Aber auch Erkrankungen und Symptome sind Herausforderungen und in der Auseinandersetzung mit ihnen verändern wir uns. Öffnest du deine Augen für die Botschaft, die Symptome bereithalten? Verstehst du die **Sprache der Seele**?

All diese Fragen tauchen auf, wenn wir uns auf seelische Entwicklungen einlassen, denn der Lebensfluss will durch sie weiterfließen und uns vorantragen. **Wir sind hier, um Erfahrungen zu machen**, die uns wachsen lassen. Manche Erfahrungen suchen wir und heißen sie willkommen, andere würden wir gerne vermeiden. Oft hindern uns Ängste und Schuldgefühle daran, über unsere bisherige Komfortzone hinauszugehen, was neue Herausforderungen mit sich bringt.

Kannst du dir vorstellen, dass du nicht nur dieses begrenzte Ich bist, das du kennst, sondern **dass du eine Seele bist**, die durch die Zeit deines irdischen Lebens schreitet und sich hier weiterentwickeln möchte? Etwas Unbewusstes ist in uns, das uns vorantreibt, manchmal auch gegen den Willen unseres bewussten Ichs, und eingebunden ist in ein größeres Ganzes, das wir in Religionen Gott oder in der Naturspiritualität auch Schöpfung nennen können.

Bist du dann imstande, dich dafür zu öffnen, dass du hier auf dieser Erde **eine Aufgabe** hast, bei der du dich selbst weiterentwickeln und zugleich anderen mit deinen Fähigkeiten und Talenten bei ihrer Entwicklung helfen kannst?

Lassen wir uns auf diese Gedanken ein, finden wir in der biblischen Geschichte von Bileam eine Möglichkeit zu einem tieferen Verständnis unseres seelischen, ja vielleicht sogar unseres spirituellen Fortschreitens. **In dieser Erzählung aus dem Tanach ist ein solcher Entwicklungsprozess in bildhafter Weise beschrieben.**

Je mehr uns die einzelnen Schritte dieses Entwicklungsprozesses bekannt und bewusst sind, desto besser können wir einschätzen, was gerade in unserem eigenen Leben vor sich geht. Auf diese Weise gewinnen wir eine neue Perspektive auf unsere Vergangenheit und unsere Zukunft. Dann sind wir in der Lage, Blockaden, Probleme, seelische und auch körperliche Erkrankungen neu zu bewerten.

Hinter diesen Hindernissen erkennen wir **die Botschaft** und fangen an zu begreifen, **wie die Schöpfung mit uns spricht und wie wir mit ihr sprechen können.** Dabei lernen wir die Resonanz unserer eigenen Seele zu hören und zu verstehen und können unsere Schritte neu ausrichten und Hürden überwinden.

Dazu gehört auch die Erkenntnis, **dass wir geführt und getragen werden.** Je tiefer wir dies wahrnehmen, desto mehr **Vertrauen** entwickeln wir in unsere Seele und die Schöpfung. Sich diesen Prozessen zu stellen, hilft uns, in schwierigen Situationen nicht im Widerstand und der Inakzeptanz zu verharren.

Ein solches Vertrauen leitet uns, trägt uns, lässt uns Probleme überwinden und das wagen, was wir uns zuvor nicht zugetraut haben. Verinnerlichen wir diese neue Perspektive auf Krisen, dann sagen wir **Ja zu unserem Leben**, egal was sich uns in den Weg zu stellen scheint.

Auf diese Weise begreifen wir, dass alles auf unserem Weg zu unserer seelischen Entwicklung gehört. Hindernisse sind nichts Negatives mehr, sie fordern uns im Gegenteil auf, über unser bisheriges Denken, Wahrnehmen und Fühlen **hinauszuwachsen**.

Findest du dich in diesen Fragen wieder, bist du eingeladen, der Geschichte Bileams zu lauschen und ihre Lehren aufzunehmen. Das verhilft dir zu einer unverbrauchten Sicht auf deine individuellen Erfahrungen. So ordnest du das Geschehen anders ein, bewertest es neu und öffnest dich für all die Entwicklungsmöglichkeiten, die dir die Existenz auf dieser Erde bietet.

I. Einleitung

Beschäftigst du dich mit deiner persönlichen Entwicklung? Möchtest du wissen, warum du mit Hindernissen, Problemen oder gar Krisen zu kämpfen hast und durch welche Entwicklungsphasen du dabei gehst? Das Wissen um die Zusammenhänge kann uns helfen, diese Prozesse leichter zu durchlaufen und einen Sinn darin zu finden.

Anhand der biblischen Geschichte des Sehers Bileam können wir eine neue Perspektive entwickeln, um unser persönliches Wachstumspotenzial zu erkennen und zu gestalten. Ich will die Erzählung zunächst zusammenfassen, damit wir einen Überblick über die Schritte Bileams haben:

Die Geschichte aus dem 4. Buch Mose stellt Bileam als Seher vor, der fluchen und segnen kann. Das heißt, wen oder was Bileam verflucht, ist dann auch verflucht, und wen oder was er segnet, ist dann auch gesegnet. Darin liegt seine Macht, die weithin bekannt ist. Der König der Moabiter, Balak, sendet nach ihm. Bileam soll für die Moabiter das Volk der Israeliten verfluchen, denn die Moabiter fühlen sich von den Israeliten bedroht. Balak bietet Bileam reichlichen Lohn für diesen Auftrag. Bileam geht in Klausur, um den Willen Gottes zu erfahren. Erst lehnt er den Wunsch der Moabiter ab, aber bei der zweiten Anfrage macht er sich auf den Weg. Gott gerät in Zorn, als er sieht, dass

Bileam losreitet. Der ist mit seiner Eselin unterwegs, die die Reise zweimal ausbremst und schließlich sogar stoppt, denn sie sieht einen mächtigen Engel im Weg stehen, den Gott geschickt hat. Bileam sieht diesen Engel nicht und schlägt wütend auf sein Reittier ein, denn er will sein Ziel erreichen und empfindet die Weigerung der Eselin als Affront. In dieser kritischen Situation öffnet Gott zuerst der Eselin den Mund, sodass sie Bileam fragt, warum er sie schlägt. Dann öffnet Gott Bileam die Augen. Dieser erkennt nun das Hindernis, den Engel, klar vor sich. Bileam erwägt darauf den Rückzug und meint, es sei ein Fehler, sich überhaupt auf den Weg gemacht zu haben, bekommt jedoch vom Engel eine Klärung seines Auftrags: Er soll bei den Moabitern das tun, was Gott ihm sagen wird. Nun kann er sich wieder auf den Weg machen, die Sperre ist überwunden. Bei den Moabitern angekommen, handelt Bileam zunächst so, wie es seiner Gewohnheit entspricht: Er zieht sich zurück, geht in Zwiesprache mit seinem Schöpfer und erfährt den nächsten Schritt. Dies wiederholt sich noch zweimal, bis er den nächsten Schritt ohne Rückzug erkennt und kundtut. Schließlich kommt der Geist Gottes über ihn und Bileam wird zum Propheten, durch den Gott direkt spricht. Die biblische Geschichte Bileams ist im Anhang in einer modernen Übersetzung nachlesbar.

Nun stellst du dir sicher die Frage, was eine über 2000 Jahre alte Geschichte uns heute noch zu sagen hat. In früheren Zeiten wurde Wissen in Form von Geschichten weitergegeben. So auch das Wissen um persönliche Entwicklung und seelisches Wachstum. Wenn wir lernen, diese Mythen zu verstehen, können wir noch heute große Weisheit daraus ziehen.

In dieser Geschichte wird berichtet, dass Bileam fluchen und segnen kann. Die Praxis des Fluchens und Segnens ist uns heutzutage nicht mehr geläufig, diese Fähigkeiten werden in unserer Kultur abgelehnt oder ignoriert. Früher wurden die Wissensträger oft getötet. So hat Cäsar die gallischen Druiden umbringen lassen und im Mittelalter wurden die Hexen verfolgt.

Aber es gibt weiterhin Menschen, die um diese Dinge wissen. So können alte Flüche durch entsprechende Wissenskundige aufgehoben werden. Wir stehen den sogenannten Schamanen, die dazu in der Lage sind, allerdings meist skeptisch gegenüber. Zur Zeit Bileams waren diese spirituellen Fähigkeiten hingegen angesehen und wurden praktiziert. Und Bileam war so ein Wissensträger. Um eine solche spirituelle Berufung einsetzen zu können, benötigt der Schamane die Unterstützung der »anderen Welt«, im Falle Bileams also die Unterstützung Gottes.

Viele von uns nennen es »das Universum« oder »die Schöpfung«. Ich werde in diesem Buch Gott und die Schöpfung oft synonym verwenden. Strenggenommen ist Gott der Schöpfer und nicht die Schöpfung. Wenn wir aber der Naturspiritualität der Lakota – das sind nordamerikanische Natives – folgen und »Wakan Tanka« als den »Geist, der in allen Dingen ist«, verstehen, dann können wir von der Schöpfung reden. Wie wir es benennen,

21

ist für uns schlussendlich nicht wichtig. Jeder darf dieses Mysterium benennen, wie es zu ihm passt.

Um in diesen Kontakt zu kommen, benutzen die Schamanen Rituale. So gehen sie etwa auf eine Trommelreise, um Informationen der Schöpfung zu erhalten. Bileam geht »in Klausur«. Er zieht sich also in die Stille zurück, öffnet seinen Geist und stellt den Kontakt zu Gott her.

Dies ist für Bileam die Situation am Beginn der Geschichte. Er hat die Fähigkeit, zu segnen und zu fluchen und in der Abgeschiedenheit den Willen Gottes zu vernehmen oder, wie es der 1. Psalm nennt, den »Weisungen des Herrn« zu folgen.

Am Ende der Geschichte kommt »der Geist Gottes« über Bileam. Dies bedeutet, dass er das Ritual der Klausur nicht mehr benötigt, sondern Gott direkt durch ihn spricht.

Die verschiedenen Etappen, die uns diese Geschichte demonstriert, legen auch wir zurück. In diesem Buch werde ich die einzelnen Stationen Bileams beleuchten und eine Verbindung zu unseren eigenen Schritten herstellen, wobei ich immer wieder persönliche Beispiele anführen werde. Dabei erkennen wir den Sinn von Auftrag, Hindernissen, Umdenken und Umsetzen des neu Gelernten sowie die Ausgestaltung der nächsten Ebene, die wir auf unserem Weg erreichen.

Sobald wir einen Entwicklungsschritt abgeschlossen haben, haben wir uns verwandelt. Wir sind gewachsen und nicht mehr dieselben wie vorher. Denn taucht in uns ein Wunsch auf, haben wir ein neues Ziel vor Augen oder einen spirituellen Auftrag bekommen, wie hier Bileam, dann werden wir unser Ziel nicht einfach so erreichen. Das können wir nur, indem wir uns verändern. Suchen wir eine Veränderung in unseren äußeren Verhältnissen, müssen wir erst zu dem werden, der zu dieser Veränderung fähig ist. Das bedarf des Wachstums und der Entwicklung.

Also werden wir lernen müssen. Und die Schöpfung stellt uns dazu das nötige Wissen und die nötige Erfahrung Stück für Stück zur Verfügung. Ein Wissen, das wir uns nicht nur aneignen, sondern auch umsetzen und leben sollen. Dazu bedarf es zuerst einer innerlichen Wandlung. Wir lernen solche Schritte durch Freude oder Leid, denn es gibt keine Heilung ohne Veränderung und keine Veränderung ohne die Überwindung von Problemen, was in Krisen durchaus schmerzhaft sein kann.

Haben wir anhand der Geschichte Bileams den Prozess des Wandels erkannt, können wir unsere Perspektive auf das eigene Leben und unsere Entwicklungsschritte ändern. Denn sobald wir darum wissen, gelangen wir auf die Ebene der Akzeptanz. Damit kommen wir aus dem Kampf heraus, der uns oft in Krisen und Problemen festhält.

Nach diesen Schritten, die wir gemeinsam mit Bileam gehen, vertiefe ich das Thema mit der generellen Bedeutung, die Geschichten auf unsere seelische und spirituelle Entwicklung haben, denn das Wissen um unsere Entfaltung wurde seit jeher in Gleichnissen und Mythen weitergegeben. Auch die Geschichte von Bileam ist so ein Gleichnis, worauf schon die wiederholte Verwendung der Zahl Drei, die wir aus vielen Märchen kennen, hinweist. Diese Gleichnisse und Mythen bringen uns nicht nur intellektuelles Wissen, sondern sie lösen auch Gefühle in uns aus, da sie in der Sprache der Seele verfasst sind. Diese begegnet uns ebenso in unseren Träumen, wenn unsere Seele direkt zu uns sprechen möchte. In einem weiteren Kapitel werde ich auf die Sprache der Seele genauer eingehen. Wenn wir in der Sprache der Seele angesprochen werden, kommt unsere Seele in Bewegung und zeigt uns den nächsten Schritt.

Schließlich gehören dazu auch Impulse von innen, die uns leiten wollen, denn die Seele führt und trägt uns. Wenn wir diese Zusammenhänge erfassen, können wir in unserem Leben immer tiefer in die Weisheit unserer Seele eintauchen und uns von ihr durch unsere Wachstumsprozesse führen lassen.

Du kannst dieses Buch lesen, neue Perspektiven und die Inspiration darin entdecken, dich von der Seele führen und tragen zu lassen und ins Vertrauen zu gehen. Aber du kannst mit diesem Buch auch arbeiten, um deine Erkenntnisse zu vertiefen und sie immer besser umzusetzen. Dabei helfen die Zusammenfassungen nach jedem Kapitel.

Ich wünsche dir ein spannendes Arbeiten mit den Analogien zur Geschichte von Bileam und freue mich, wenn du daraus hilfreiche Erkenntnisse für deine eigene Entwicklung ziehen kannst!

Winfried Stöhr, Januar 2025

II. Bileam: die zehn Schritte

1. Der Ausgangspunkt –
der Ist-Zustand

Jeder Entwicklungsschritt hat einen Beginn, einen Ausgangspunkt. Von dort geht es los. Wo also steht Bileam am Anfang, was kann er, was noch nicht? Wie geht er mit seiner Situation um?

In der Geschichte lernen wir Bileam erst einmal kennen. Er trägt den Titel »Seher«, denn so wird er genannt: der Seher Bileam. Damit bekommen wir einen Hinweis auf sein Talent. Bileam kann »sehen«, etwas, das andere nicht können. In Klausur stellt ihm Gott Fragen und Bileam antwortet. Und Gott gibt ihm dann Anweisungen. Bileam kann also in direkten Kontakt zu seinem Gott treten. Wie er den Kontakt herstellt, erfahren wir in dem Bibeltext nicht. Im Kapitel »Die Sprache der Seele« werden wir uns damit beschäftigen.

Bileam kann also, wenn er in Klausur geht, die entsprechende **Atmosphäre** herstellen, die Fragen hören und antworten. Außerdem kann er fluchen und segnen. Und wenn er den entsprechenden Auftrag seines Gottes hat, dann kann er so fluchen und segnen, dass auch das geschieht, was er sagt. Durch ihn wirkt also Gott. Bileam kann also Misslingen oder Gelingen durch seine Aktivität beeinflussen. Der Seher verfügt damit über eine gewisse magische Qualität.

Wir lernen etwas darüber, was Bileam kann und wofür er bekannt ist. Bileam ist ein Mensch, der **als Brücke zur anderen Welt** dient, also zur Schöpfung oder eben zu Gott, weil er offen für deren Botschaften ist. Zu allen Zeiten gab und gibt es Menschen, die diese Fähigkeiten hatten und haben, Kontakt zur anderen Welt, zur Schöpfung herzustellen.

In allen Kulturen gab und gibt es sogenannte Schamanen, die diesen Zugang haben. Bei den nordamerikanischen Natives nennen wir sie Medizinmann oder Medizinfrau. Unsere keltischen Vorfahren nannten sie Druiden. Aus dem Mittelalter kennen wir die »Hexen«. All das sind Schamanen, die im Dienste der Schöpfung für Heilung und Entwicklung arbeiten.

Jesus ist in die Wüste gegangen, hat gefastet und dabei Visionen empfangen und Prüfungen bestanden. Und dabei hat er gelernt, immer offener für den Kontakt mit seinem Gott zu werden, um später dann das Wort Gottes zu verkünden. Es gibt viele solcher Überlieferungen von Menschen, die diese besondere Begabung hatten. In den biblischen Geschichten wird immer wieder über Menschen berichtet, die in Kommunikation mit der Schöpfung, mit Gott standen.

Auch aus der Geschichte sind Persönlichkeiten bekannt, denen man diese Fähigkeiten zuschreibt. Ein Beispiel dafür ist die heilige Hildegard von Bingen. Bileam ist also einer dieser Menschen, die den Kontakt herstellen und nutzen können. **Er braucht dazu die Klausur.**

Auf diese Weise schafft er sich eine Atmosphäre, in der er in Kontakt gehen kann. Die Abgeschiedenheit braucht er, denn er antwortet auf die Delegation der Moabiter nicht sofort, sondern will zuerst den Willen Gottes erfahren, der ihm sagt, was er tun oder eben nicht tun soll.

Auch Jesus ging in die Abgeschiedenheit, denn er ging in die Wüste. Auch wenn er dort dem Teufel begegnet war, was er sicherlich nicht angestrebt hatte, ist das die Herstellung eines Kontaktes zur anderen Welt und bringt ihm neue Informationen, neue Erkenntnisse oder eben auch die Begegnung mit schwierigen Situationen. Dies alles kann in einer Klausur, einer Abgeschiedenheit oder gar bei Visionssuchen geschehen.

Der Visionssuchende geht allein in die Natur und fastet. Diese Suche dauert in der Regel vier Tage, in denen er in einen Zustand der Empfangsbereitschaft gerät. Hat er diesen Zustand erreicht, kann er den Input der Schöpfung wahrnehmen. Geht es um größere Fragen, macht eine solche Visionssuche Sinn. Für andere Fragen kann eine Medizinwanderung hilfreich sein. Oder auch eine Trommelreise, in der wir unserem Krafttier eine Frage stellen, das uns dann in der Sprache der Schöpfung eine Antwort bringt. In der Sicht der nordamerikanischen Natives haben wir jeder ein Krafttier, das uns auf unserem irdischen Weg begleitet. In christlicher Sicht ist das vielleicht der Schutzengel. Wichtig ist aber, dass wir Kontakt aufnehmen und spirituelle Hilfe bekommen können. Auf die verschiedenen Möglichkeiten mit der Schöpfung zu kommunizieren, gehe ich im Kapitel »Impulse von innen« näher ein.

Es ist zudem möglich, in ein Gebet zu gehen, in dem wir uns für den Empfang von Botschaften öffnen. Das können wir auch Meditation nennen. Es ist nicht von Bedeutung, wie wir die Dinge nennen, es geht immer um das Gleiche. So mancher hat seine Intuitionen schon auf einem Spaziergang bekommen. Keinem von uns ist das unbekannt. Wir können das alle. Bileam hat eben den **Weg des Gebetes** in der Klausur gewählt. Dort kann er in den Zustand kommen, den er braucht, um Botschaften zu empfangen.

Was nicht funktioniert, ist, dass er sofort eine Eingebung hat, wenn die Delegation kommt und ihn bittet, den Israeliten zu fluchen. Er hat zu diesem Zeitpunkt noch keinen direkten Zugang zum Willen Gottes oder zu den Weisungen des Herrn, wie wir es nennen können. Wir sehen, dass Bileam den Weg über die Klausur benötigt, um die Weisungen zu empfangen.

Das ist wichtig festzustellen, wenn wir den Verlauf der Geschichte besser verstehen wollen. Bileam wird der Seher genannt, der fluchen und segnen und in der Klausur die Weisungen des Herrn empfangen kann. Es gibt nur diesen indirekten Weg für Bileam. Aber was heißt »nur«? Er kann das und ist dafür berühmt und respektiert. Es ist aber auch wichtig, die **Möglichkeiten und Grenzen** Bileams zu erkennen.

Über die Sprache der Seele und der Schöpfung haben wir bereits gesprochen. Es ist wichtig, ihre Botschaften zu empfangen. Um uns herum ist es laut, in uns selbst ist der Verstand dominant und deutlich hörbar. Bileam geht deswegen in Klausur, um **die Stille** herzustellen. Das ist grundlegend, um wirklich zu sehen und zu hören.

Bileam will auch keinen Fehler machen, das wird recht deutlich. Es geht ihm darum, **die wahrhaftigen Weisungen** des Herrn zu hören. Es geht ihm weder um Geld noch um Ruhm, die ihm von der Delegation angeboten werden. Bileam könnte sofort loslaufen, denn seine Fähigkeiten sind gefragt und er soll fürstlich belohnt werden.

Halten wir fest, dass äußere Anerkennung kein Kriterium für Bileam ist. Ihm geht es eben nicht um die Bezahlung, denn sonst würde er nach der ersten Klausur nicht sagen: Nein, ich komme nicht mit. Damit schlägt er das Angebot aus und verzichtet auf Geld und Ehre. Er folgt den Weisungen des Herrn und lehnt ab, **egal, welche Konsequenzen das für ihn hat**.

Bei der zweiten Anfrage bekommt Bileam sein Go, das Ja. Über diesen Sinneswandel der Schöpfung macht er sich keine Gedanken, aber wir können uns fragen, warum Bileam **zuerst gestoppt wird**, um dann doch losgeschickt zu werden.

War es noch nicht an der Zeit? Sollten die Moabiter oder die Israeliten hingehalten werden? **Oder geht es auch bei dieser Maßnahme um Bileam und seine Entwicklung?**

Wir sehen es an seiner Reaktion. Bileam hinterfragt die Weisungen des Herrn nicht, sondern akzeptiert sie voll und ganz. Wenn er ein Ja bekommt, dann tut er das. Wenn er ein Nein bekommt, dann lässt er es. Seine Situation können wir als **Prüfung** verstehen.

Ist Bileam käuflich oder ist er es nicht? Nur wenn er es nicht ist, kann er wirklich die Weisungen des Herrn umsetzen. Er beweist nun klar und deutlich: Über allem Reichtum, aller Ehre, allem Ruhm stehen für ihn die Weisungen des Herrn. Er will den Auftrag der Schöpfung umsetzen, egal was da kommt, und unabhängig von weltlichem Lohn.

Eine ähnliche Situation habe ich nach meinem Studium erlebt. Ich wollte unbedingt eine Ausbildung als Psychotherapeut machen und in diesem Beruf arbeiten. Aber es gab zunächst keine Möglichkeit. Also schaute ich mich weiter um und hatte dann das Angebot, in einer Klinik wissenschaftlich als Psychologe zu arbeiten.

Auch wissenschaftliches Arbeiten hat mir damals gelegen, dazu kam die Notwendigkeit, meine Familie zu ernähren. Aber mein Wunsch, als Psychotherapeut zu arbeiten, blieb.

Vier Wochen vor Antritt der Arbeitsstelle bekam ich das Angebot, an einem Institut für Psychotherapie einer anderen Klinik eine Arbeitsbeschaffungsmaßnahme (ABM) anzutreten. Damals gab es solche Stellen, die zeitlich befristet waren. Niemand konnte sagen, wie sich die Situation entwickeln und ob ich ein oder zwei Jahre später arbeitslos sein würde.

Wie sollte ich mich entscheiden? Die Vernunft sagte, nimm die Stelle mit dem festen Arbeitsvertrag. Aber mein **Gefühl sagte**: Hey, die ABM ist genau das, was ich immer wollte. Da will ich hin. Das gibt mir ein gutes Gefühl. Wenn auch spät, so werden meine Wünsche erhört und ich bekomme endlich die Möglichkeit, kurz vor Toresschluss als Psychotherapeut zu arbeiten.

Ich bin damals nicht in Klausur gegangen. Aber **ich bin mit dieser Frage gegangen**. Und mein Gefühl, meine Intuition, meine Träume für die Zukunft haben eine deutliche Sprache gesprochen. Die feste Stelle als wissenschaftlicher Mitarbeiter in der einen Klinik habe ich abgesagt und der ABM in der anderen Klinik zugesagt. Trotz der ungewissen Zukunft. Solche Erfahrungen habe ich öfter im Leben gemacht. Und heute würde ich diese Zeilen nicht schreiben, hätte ich mich damals anders entschieden.

So können wir Bileam verstehen, der in seiner Klausur eine klare Anweisung empfängt und somit das Angebot der Moabiter zunächst ausschlägt. Auch Bileam weiß nicht, was geschehen wird. Der Leser seiner Geschichte erfährt auch nicht, dass Bileam sich irgendwelche Gedanken darüber macht. Nein. Der Seher hört in dieser Klausur ein Nein und folgt diesem Nein.

Damit qualifiziert er sich, ohne sich dessen bewusst zu sein, für seinen späteren Auftrag, denn er hat bewiesen, dass er nicht korrumpierbar ist. Er hat bewiesen, **dass er den Weisungen folgt**, egal mit welchen Vor- oder Nachteilen das für ihn verbunden ist. Es ist ihm nicht wichtig, welcher Lohn ihm dadurch entgeht. Wichtig ist für ihn nur, dass er seiner Bestimmung folgt, wenn die Zeit dafür reif ist.

Am Beginn der Geschichte Bileams ist noch mehr zu erkennen. Bileam ist **authentisch** und nimmt in Klausur die Botschaften klar wahr und folgt ihnen, ohne sie um seines persönlichen Vorteils willen zu verdrehen. Er hört das klare Nein bei seiner ersten Klausur, daran ändert er nichts, interpretiert nichts hinein, lässt keine eigenen Interessen einfließen. Nein, Bileam nimmt die Botschaften vollkommen an und setzt sie konsequent um. Das ist Authentizität.

Von Bileam können wir lernen. Wenn es um unsere eigene Entwicklung geht und wir den Zugang zur Seele und zur Schöpfung suchen, geht es darum, deren Botschaften ganz authentisch aufzunehmen. Nur wenn wir unsere Gefühle, unsere Intuitionen, die Zeichen und Symbole in unserer aktuellen Situation wahrnehmen, bekommen wir überhaupt die Möglichkeit, die »Weisungen des Herrn« zu erkennen. Aber es reicht nicht, diesen Zugang herzustellen, sondern wir müssen auch lernen, die Botschaften zuzulassen und authentisch anzunehmen. Da gibt es nichts zu hinterfragen und keine Skepsis, es geht um **vertrauensvolles Wahrnehmen**.

Wir alle kennen **Zweifel** und Bedenken. Beobachten wir Bileam zu Beginn der Geschichte, sehen wir aber keine Zweifel oder Bedenken. Bileam nimmt die Weisungen des Herrn wahr, nimmt sie an und lässt sie genau so zu, wie sie kommen. Er hinterfragt sie nicht. Das erste Nein begreift er nicht als Prüfung. Er hört ein Nein und dann ist es für ihn ein Nein. Punkt.

Erst in der **Rückschau** könnte Bileam den Sinn des ersten Neins für sich erkennen. Aber in der Situation auf keinen Fall. Das ist wichtig für uns festzuhalten: Wollen wir uns in unserer seelischen Entwicklung auf die Möglichkeit der Kommunikation mit der Schöpfung und unserer Seele einlassen, **dann müssen wir in der jeweiligen Situation nicht verstehen, warum etwas gerade so läuft** und unsere Seele oder die Schöpfung gerade dies oder jenes zu uns sagt

Wichtig ist nur, dass wir wie Bileam zunächst in »Klausur« **hören und sehen, urteilsfrei wahrnehmen lernen**. Dass wir Vertrauen in die Sprache der Schöpfung und der Seele finden und dabei ganz authentisch werden, denn nur wenn wir lernen, ihr vorbehaltlos zu vertrauen, können wir unsere Schritte gehen.

Es ist wie beim Autofahren in der Nacht: Wir sehen mit dem Scheinwerferlicht immer nur die nächsten 50 Meter.

Aber wenn wir diesem Lichtkegel konsequent folgen, erreichen wir auch ein weit entferntes Ziel. Wir sehen nicht den ganzen Weg, sondern immer nur den nächsten Schritt. Und dennoch kommen wir genau da an, wo wir ankommen wollen.

Das ist das Beeindruckende an Bileam: Er zweifelt nicht, er hinterfragt nicht und stellt nicht die Frage nach dem Warum, die er nicht beantworten könnte. Denn Bileam hat keine Vorstellung davon, was ihn auf dem Weg zu den Moabitern und dort erwartet. Er hat **keinen Überblick** über das Ganze und nicht über das Ziel, **er sieht nur den nächsten Schritt**.

Wir dürfen davon ausgehen, dass die Seele und die Schöpfung, Gott, sehr wohl wissen, was kommen soll und was kommen wird. Aber als Mensch haben wir diesen Überblick nicht. Es ist wichtig zu lernen, **der Führung der Seele und der Schöpfung zu vertrauen**. Und das kann Bileam vorbehaltlos. Er spürt erst den klaren Impuls: Nein. Und bei der zweiten Anfrage den klaren Impuls: Ja.

Dabei geht es nicht darum, zu jedem Gedanken, jedem Impuls sofort Ja zu sagen. Es macht wenig Sinn, jeder inneren Regung blauäugig zu folgen. Wichtig ist, wie sich eine Intuition, ein Impuls anfühlt. Fühlt er sich **stimmig** an oder nicht? Das ist ein sehr wichtiges Kriterium. Neben der Authentizität ist der wichtigste Faktor, dass sich eine Entscheidung für uns **stimmig anfühlt**.

Wieder sind wir bei der Sprache der Seele und der Schöpfung, denn die Stimmigkeit ist ein Gefühl. Das klare Gefühl, dass etwas zu uns passt. Unstimmigkeit sagt uns hingegen »Stopp, das passt nicht«.

Wir können davon ausgehen, dass Bileam genauso vorgegangen ist. Hört er das Nein oder später das Ja, fühlt er in sich hinein und folgt der Authentizität, nimmt also das Nein oder Ja klar wahr. Dann fragt er sich nach der Stimmigkeit, denn über dieses Gefühl sprechen die Seele und die Schöpfung zu uns, um uns zu zeigen: Folge deiner Intuition, deinem inneren Bild, der Botschaft, die du empfangen hast.

Was diese Stimmigkeit bedeutet, dürfen wir nicht unterschätzen. Haben wir einen Impuls, aber das Gefühl der Unstimmigkeit, dann ist es sinnvoll, diesen Impuls zu hinterfragen. Ist er wirklich authentisch? Sprechen gerade tatsächlich die Seele und die Schöpfung zu uns oder etwa alte Ängste oder Schuldgefühle? Möchte uns die »Vernunft« in eine andere Richtung lenken? Oder sind wir einfach in unserem Ego gefangen?

Zu Beginn der Geschichte Bileams sehen wir, dass der Seher über all diese Qualitäten verfügt. Bileam kann in Klausur (in der Stille und im Gebet) die Weisungen des Herrn empfangen, nimmt sie authentisch wahr und fühlt die Stimmigkeit. Dann weiß er klar, was er gemäß den »Weisungen des Herrn« tun wird. Er ist in der Lage, sein Ego außen vor zu lassen, und lässt sich nicht mit Gold,

Belohnung, Ruhm oder Ehre ködern, sondern sein Fokus liegt auf seinem Auftrag. Er geht vertrauensvoll in den Kontakt mit der Schöpfung und folgt ihrem Ruf.

Zusammenfassung

Wollen wir Zugang zu den »Weisungen des Herrn« bekommen, macht es Sinn, wie Bileam zunächst in Klausur zu gehen, in die Stille, die Meditation, in das Gebet. Wir lernen, uns für Impulse zu öffnen. Es geht um Offenheit, Vertrauen und Authentizität. Dabei werden wir geprüft und lernen unsere Ängste und unser Ego kennen und begreifen, ob wir uns auf das verlassen können, was wir sehen und hören. An der Stimmigkeit erkennen wir, ob wir eine wirkliche Anweisung bekommen oder nicht. Wir können unser bisheriges Leben hinterfragen: Wie haben wir Impulse wahrgenommen, die uns in unserer Entwicklung weiterbringen konnten? Wo sind wir ihnen gefolgt? Wann waren die Zweifel größer? Welche Ergebnisse haben wir gesehen? Worauf sind wir stolz? Was bedauern wir in der Rückschau? Oder wir schauen auf das Jetzt. Wie nehmen wir im Moment Impulse wahr? Sind wir authentisch? Fühlen sich die Impulse stimmig an?

2. Der Auftrag –
die Herausforderung

Bileam kennt die Sprache der Seele und der Schöpfung, denn sonst könnte er nicht mit ihnen kommunizieren. Er hört das Anliegen der Gesandtschaft der Moabiter und gibt nicht sofort Antwort, sondern schaut, was Gott ihm dazu sagt. Und er bekommt erst mal ein Nein.

Bileam schickt die Gesandtschaft mit dieser Botschaft zurück und will dem Anliegen der Moabiter nicht nach-kommen, denn seine Zwiesprache mit der Schöpfung hat ihm klar zu verstehen gegeben, dass das jetzt nicht seine Aufgabe ist. Damit ist die Sache für ihn erledigt. Er über-legt nicht, warum er es nicht tun sollte, und trauert dem verpassten Gewinn nicht nach.

Aber die Moabiter lassen nicht locker. Sie schicken eine weitere Gesandtschaft und erhöhen ihr Angebot. In-zwischen wissen wir, dass Bileam nicht an diesem Angebot interessiert ist. Ihm geht es allein um den Willen Gottes, die Weisung des Herrn.

Also begibt er sich erneut in Klausur, denn das ist seine Möglichkeit, mit der Schöpfung ins Gespräch zu kommen und Antwort auf seine Frage zu erhalten: Soll ich zu den Moabitern reisen?

Nun entscheidet die Schöpfung, entscheidet Gott anders:

Bileam bekommt das Ja. Ja, er soll zu den Moabitern reisen und das tun, was Gott ihm sagt. Für Bileam ist die Sache damit klar. Gott hat ihm gesagt, er soll reisen, also ist er dazu umgehend bereit. **Eine klare Weisung führt bei Bileam zum Handeln.** Der Seher glaubt, den Auftrag verstanden zu haben. Er ist sehr pflichtbewusst und will seinen Auftrag sofort umsetzen.

Bileam zeigt sich – wie man das in der Bibel oft liest – **gottesfürchtig**. Das heißt nicht, dass er Angst hat, aber die Weisungen des Herrn sind für ihn essenziell und er begegnet ihnen mit Ehrfurcht. Ihnen leistet er Folge, egal was passiert. Wir sehen, dass sich Bileam **gleich am nächsten Morgen aufmacht** (4. Buch Mose, Kapitel 22, Vers 21). Er will die Weisungen zügig umsetzen und sieht seine Aufgabe darin, dem Willen des Herrn ganz zu entsprechen. Er lässt die Nacht verstreichen und schläft noch einmal darüber.

Bei Bileam stellen wir fest, dass da keine Ängste oder Bedenken erwähnt werden. **Bileam ist im Vertrauen.** Das ist wichtig für ihn und auch für uns. Denn haben wir gelernt, den Impulsen und Hinweisen aus der Umgebung sowie unseren Gefühlen oder Träumen zu vertrauen, dann gibt es in uns kein Hindernis.

Angst und Vertrauen sind Antagonisten. Je stärker die Angst, desto geringer ist das Vertrauen. Und je tiefer das Vertrauen ist, desto weniger Angst verspüren wir. Von Bileam können wir hier lernen. Er ist voll im Vertrauen, deshalb hinterfragt er den Auftrag, den er erhalten hat, nicht kritisch.

Dieses Vertrauen ist umso beeindruckender, als Bileam **keine Ahnung hat, was ihn erwartet.** Er kann schließlich nicht vorausschauen und weiß nicht, was ihm auf dem Weg zu den Moabitern und dort widerfahren wird. Darüber macht er sich auch keine Gedanken.

Bileam hat ein definiertes Ziel vor Augen: Gemäß seinem Auftrag will er so schnell wie möglich zu den Moabitern kommen, um seine Mission zu erfüllen. Auf seinen Auftrag kann er sich verlassen. Das ist das, was zu tun ist, daran hegt er keinen Zweifel.

Bileam will seine Aufgabe schnell erledigen. Der Druck, mit dem er ans Werk geht, ist im Text zu spüren, wenn er ungehalten reagiert, weil seine Eselin nicht wie erwartet spurt. Die Weisungen des Herrn für Bileam geben aber keinen Hinweis auf Zeitdruck. Der Herr weist Bileam nur an, zu den Moabitern zu reisen und das zu tun, was er ihm sagt.

Bileam sieht sich als **Werkzeug Gottes**, das einen Auftrag erhält, den er gewissenhaft und zügig erledigen will. Er ist voll im Vertrauen, wenn es darum geht, diesen Auftrag zu hören und als klare Weisung zu verstehen. Aber wie sieht es mit seinem Vertrauen in sich selbst aus?

Was treibt Bileam zur Eile an, wenn kein Wort des Herrn ihn dazu drängt? Wieso reagiert er so ungehalten bei

Hindernissen? Hat er Angst zu versagen? Ist er sich seiner selbst nicht sicher, dass er den Auftrag sinnvoll ausführen kann?

Mit keinem Wort erfahren wir, was in Bileam vor sich geht, und können es nur aus seinem Verhalten schließen. Das erinnert mich an manche Situation aus meinem Leben. Wie wir alle bekomme auch ich »Weisungen des Herrn«, wenn ich die Sprache der Seele verstehe und begreife, dass sie mich in eine gewisse Richtung lenken will.

Schon öfter habe ich erlebt, dass ich dann unter einem **innerlichen Druck** »losrenne«. Ich habe die Botschaft als **ein Muss** verstanden und fühlte mich getrieben, schnell und zügig voranzuschreiten. In der jeweiligen Situation habe ich das gar nicht bemerkt.

Bemerkt habe ich es nicht, weil ich das Gefühl der Verpflichtung verinnerlicht hatte. »Nun muss ich schnell ...« Bileam wird es in seiner Situation ähnlich ergehen. Er hat einen klaren Auftrag erhalten und **ist ganz von diesem Auftrag erfüllt und überzeugt**. Also ist er in Eile.

Geht uns das nicht allen so? Bin ich von etwas fasziniert und begeistert, bin ich von etwas vollkommen überzeugt – dann will ich mein Projekt auch zügig angehen.

Womöglich fragt sich der ein oder andere, was daran falsch sein soll. Folge ich den Weisungen, die mir die Seele oder die Schöpfung geben, dann erfüllt mich das und meine

Seele geht damit in Resonanz. Ich spüre, dass ich auf dem richtigen Weg bin – so wie Bileam.

Vielleicht ist es also gar kein Fehler, der Sprache der Seele unmittelbar zu folgen. Einen Fehler sehen wir immer nur im Nachhinein. Wenn wir einen Fehler als solchen erkennen und ihn dennoch machen würden, dann hätten wir daraus nichts gelernt. **Fehler sind dazu da, um praktisch aus ihnen zu lernen.**

Betrachten wir die gesamte Geschichte Bileams, so scheint sich seine Eile als Fehler zu erweisen. Aber lesen wir nur den Beginn der Geschichte, gehen wir innerlich mit Bileam mit und verstehen sein Verhalten, denn wenn wir eine klare Botschaft erhalten, reagieren wir wahrscheinlich genauso.

In der Rückschau erscheint manches als »Fehler«. Aber nicht in der Vorausschau. Bileam weiß ja gar nicht, was auf ihn zukommen wird, und verhält sich so wie immer, wie es seiner Gewohnheit entspricht. Bisher hat sein Verhalten offenbar immer funktioniert. Es gibt keinen Hinweis, dass Bileam früher anders vorgegangen wäre. Er wird schon viele Aufträge erfüllt und viele Weisungen umgesetzt haben. Also können wir davon ausgehen, **dass Bileam es so wie immer macht**. Er hört die Weisungen und will sie zügig umsetzen.

Bileam macht also alles richtig und begeht keinen Fehler. Außerdem müssen wir davon ausgehen, dass die Schöpfung, also Gott, Bileam kennt. Denn Gott nutzte ihn ja schon oft, um seine Weisungen umsetzen zu lassen. Gott weiß also, wie Bileam vorgehen wird.

Ist später vom Zorn Gottes die Rede, als Bileam unterwegs ist, sorgt das für Irritation. Wieso zürnt Gott, wenn Bileam seinen Auftrag umsetzt? An dieser Stelle zweifeln wir weniger an Bileam, den wir in seinem Verhalten verstehen, sondern an Gott, der einen Auftrag zuerst erteilt und zornig reagiert, sobald Bileam sich auf den Weg macht und ihn umsetzt. Wie ist das zu verstehen?

Dieses Nichtbegreifen zu erkennen ist wichtig. Auch wenn wir die Weisungen des Herrn hören und verstehen, also die Sprache der Seele deutlich wahrnehmen, **bedeutet das nicht, dass alles glattlaufen muss**.

Vielleicht sind wir hier wirklich irritiert. Üben wir uns darin, die Sprache der Seele und der Schöpfung zu verstehen, auf Intuitionen, Gefühle, Zeichen, Symbole, Stimmigkeit und Authentizität zu achten, unsere Umgebung aufmerksam wahrzunehmen und dort Hinweise zu erkennen – dann gehen wir davon aus, dass wir alles richtig machen!

Und das ist auch so. **Wir machen alles richtig.** Aber das bedeutet nicht, dass wir nicht mit unerwarteten Situationen konfrontiert werden. **Situationen, die uns irritieren oder gar zweifeln lassen. Darin liegt eine große Herausforderung.**

Wir müssen das Grundprinzip erfassen: Es geht nicht nur um einen Auftrag, um eine Weisung und dass wir das umsetzen, was unsere Seele oder die Schöpfung uns aufzeigen. Wir sind nicht nur hier auf dieser Welt, um etwas für andere zu tun, was in der Schöpfung durchaus vorgesehen ist. Es geht nicht nur darum, unseren Impulsen zu folgen.

Es geht auch darum, **dass wir mit den Folgen unseres Handelns konfrontiert werden, denn nur dadurch lernen wir. Unsere Seele ist hier, um zu wachsen, sich weiterzuentwickeln und heil zu werden.** Das ist die Grundlage.

Somit führt unsere Seele uns in Situationen, in denen wir mit unseren Fähigkeiten und Talenten anderen zwar helfen und sie unterstützen können. Aber es geht zunächst darum, **dass diese Situationen für unser eigenes Wachstum und unsere persönliche Heilung wichtig sind**.

Wir sollen uns weiterentwickeln, dazu sind wir hier. Verlassen wir eines Tages diesen Planeten, dann nehmen wir nichts Materielles mit. »Das letzte Hemd hat keine Taschen«, das wissen wir alle. Aber dennoch nehmen wir etwas mit.

Wir sammeln in diesem Leben **Erfahrungen**. Wir machen Fehler und lernen daraus. **Wir werden allmählich zu denen, als die wir gedacht sind.** Dieses Wissen werden wir mitnehmen. Sicher haben wir schon oft gesagt: »Hätte ich das vorher gewusst, dann hätte ich anders gehandelt.«

Oder: »**Wenn ich noch mal auf die Welt kommen würde, dann würde ich dies und jenes tun.**«

Damit sprechen wir genau diesen Aspekt an: **Wir sind hier, um uns zu entfalten.** Diese Erfahrungen nehmen wir mit. Inkarnieren wir dann wieder auf diesem Planeten, dann werden wir all dieses Wissen und unsere Erkenntnisse mitbringen.

Vielleicht gibt es viele, die nicht an Reinkarnation glauben. »Wir leben nur einmal und mit dem Tod ist alles aus.« Wissen kann das niemand, denn wir können nicht beweisen, dass wir reinkarnieren, aber wissenschaftlich ausschließen können wir es auch nicht. Mit unserer Vorstellung entscheiden wir also, in welcher Realität wir jetzt leben: Ob unsere Seele nach dem Tod weiterlebt oder nicht. Ob wir einen Sinn im Leben erkennen können oder nicht.

Meine Erfahrung zeigt, dass wir alle auf einem Entwicklungsweg sind, und in meiner Arbeit ist es meine Aufgabe, Menschen auf ihrem Entwicklungs- und Heilungsweg zu unterstützen. Für mich ist es also klar, dass wir hier sind, um zu wachsen.

Auch Bileam ist hier, um zu wachsen. Wenn er als Seher bezeichnet wird, heißt das nicht, dass er als solcher schon »fertig« ist, denn seine **Entwicklung geht weiter.** Auch er muss sich erst zum Seher entwickeln. Wenn wir seine Geschichte auf unser Leben übertragen, können wir erkennen, **wie Entwicklung ablaufen kann**.

Am Anfang steht der Auftrag. Der Impuls. Ein Wunsch. Eine Inspiration. Ein Input von außen. Ein Gefühl. Vielleicht erkennen wir immer mehr, wie unsere Seele voranschreiten will. **Sie sucht sich Situationen, die ihr Entwicklungsmöglichkeiten bieten.** Situationen, die uns durch Widerstände **an unsere bisherigen Grenzen bringen**. Nur wenn wir bereit sind, die Irritation auszuhalten, wenn wir an unsere bisherigen Grenzen stoßen, können wir unseren nächsten Schritt tun.

Verstehen wir den Auftrag des Herrn so, dann sehen wir, es geht nicht nur darum, dass Bileam als Werkzeug Gottes dessen Willen auf der Erde durchsetzen soll. Wir erkennen, dass die Schöpfung Bileam auch auf eine Reise schickt, damit er sich selbst weiterentwickeln kann. Vielleicht ist dies der Grund für den Zorn Gottes, denn Gott ist klar, dass Bileam noch nicht bereit ist, den Auftrag in seinem Sinne zu erfüllen.

Was bedeutet »Seher«? Bileam kann etwas sehen, was andere nicht sehen. Darauf werden wir am Anfang hingewiesen: Bileam kann in Klausur gehen, um den Kontakt zur Schöpfung herzustellen. Er kann sehen, was sein Auftrag ist, und ist in der Lage, zu fluchen und zu segnen.

Das kann Bileam also schon. Aber Bileam ist kein »fertiger« Seher. Er sieht nicht alles, denn ein Seher ist nicht einfach ein Seher, sondern ein Seher in Entwicklung. Auch die Seele eines Sehers, wie Bileam es ist, will sich weiterentwickeln. Und wenn es ihr Talent ist zu sehen, dann ist es ihre Aufgabe, genau dieses Talent zu nutzen und voranzubringen.

Bileam ist also mit seiner Reise auf seinem eigenen Entwicklungsweg. Das erkennt er selbst am Anfang nicht. Er sieht nur seinen Auftrag, aber nicht, wohin dieser ihn führen wird. Das ist der Schritt, **den Bileam nicht vorhersehen kann.** Die Schöpfung und die Seele sehen oder spüren sehr wohl, dass sich Bileam auf den Weg machen muss. Und zwar dann, wenn er bereit ist. Dazu war das erste Nein notwendig, denn nur wenn Bileam beweist, dass es ihm nicht um sein Ego und materiellen Lohn geht, ist er bereit für den nächsten Entwicklungsschritt. Auf diesem Weg wird er Hindernissen und Problemen begegnen. Die gehören dazu.

Wenn wir es in einen Satz bringen wollen: **Folge deinem Herzen, aber sei auf Hindernisse gefasst!** Der »Zorn Gottes« stellt uns Hindernisse auf den Weg, denn die Schöpfung sieht, dass wir noch etwas lernen müssen, um unser Ziel zu erreichen.

Zusammenfassung

Am Anfang eines Entwicklungsschrittes stehen der »Auftrag«, der Wunsch, die Intuition, der Impuls und das Gefühl. Wir begegnen damit gleichzeitig unseren Ängsten und dem Vertrauen. Beide Gefühle sind Antagonisten. Zu Beginn des Prozesses können wir nicht voraussehen, was kommen wird. Unsere Überzeugung, unsere Begeisterung und unsere Faszination tragen uns aber voran. Wir werden »Fehler« machen, aus denen wir lernen. Wir werden Hindernissen und Problemen begegnen, die es zu überwinden gilt. Wir folgen unserem Herzen und sind auf Schwierigkeiten gefasst.

3. Die Eselin – Bewusstes und Unbewusstes im Konflikt

Bileam reitet auf einer Eselin. Das hat er schon immer so gemacht, wenn er unterwegs war. Die beiden kennen einander gut. Bileam führt, denn er kennt das Ziel. Die Eselin trottet in die Richtung, die er vorgibt. Stellen wir uns Bileam auf seiner Eselin vor, sehen wir ein eingespieltes Team.

Sie sind zügig unterwegs, denn Bileam hat es eilig, dem Auftrag des Herrn, der ihn erfüllt, nachzukommen. Dieser Auftrag treibt ihn an. Bileam wird der Seher genannt, in seiner Klausur hat er deutlich das Ja erkannt, das ihm der Herr für diese Reise gegeben hat.

Aber welche Rolle spielt die Eselin in diesem System? Betrachten wir Bileam und seine Eselin als Einheit, können wir hier zwei Ebenen unterscheiden: die bewusste Ebene, die Bileam repräsentiert, und den unbewussten Anteil, die Eselin.

Auch die Eselin, **der unbewusste Anteil**, ist vom Auftrag erfasst und läuft wie immer in die vorgegebene Richtung. Bileam, **also der bewusste Anteil**, führt. Verfolgen wir die Geschichte weiter, erkennen wir immer besser den Zusammenhang zwischen dem bewussten und dem unbewussten Anteil, die in einen Konflikt geraten.

Die Eselin reagiert auf ihre Wahrnehmung, denn sie sieht den Engel im Weg stehen und weicht dem Hindernis unmittelbar aus. Bileam sieht den Engel nicht. Als Leser der Geschichte muss uns das verwundern, denn Bileam ist ein Seher. Aber zumindest sein bewusster Anteil nimmt den Engel nicht wahr.

Da Bileam den Engel nicht bewusst erkennen kann, ist ihm das Verhalten der Eselin, also das Verhalten seines Teils, der unbewusst wahrnimmt, nicht verständlich. Er erlebt dies als Ärger, denn **sein unbewusster Teil scheint ihn in seinem Vorhaben zu stören**. Aus dieser Frustration heraus schlägt er die Eselin.

Zunächst ist das nicht weiter tragisch. Die Eselin nimmt einfach einen kleinen Umweg. Bileam schlägt sie zwar, beruhigt sich aber schnell wieder. Beim zweiten Mal ist es schon unangenehmer, denn Bileam wird am Fuß verletzt. Er schlägt sein Reittier erneut. Beim dritten Mal geht gar nichts mehr. **Die Eselin streikt.** Sie verweigert das Weitergehen und Bileam prügelt auf sie ein.

Auf der tieferen, körperlichen, unbewussten Ebene nimmt Bileam etwas wahr, aber diese Botschaft kommt in seinem bewussten Denken und Fühlen nicht an. Er spürt nur den Widerspruch zwischen seiner Absicht und dem unverständlichen Verhalten der Eselin.

Der Seher Bileam kann die Botschaft nicht empfangen, die ihn erreichen soll, er erscheint dafür blind. Die **Einheit Bileam — Eselin sieht aber sehr wohl**, ihre Erkenntnis gelangt allerdings nicht in Bileams Bewusstsein.

Das erinnert mich an einen Artikel, den ich vor langer Zeit gelesen habe. Darin wurde beschrieben, dass von den damaligen Einwohnern des heutigen Südamerikas (das muss Anfang des 16. Jahrhunderts gewesen sein) die herannahenden Schiffe der Spanier nicht als Schiffe erkannt wurden, denn so etwas hatten sie noch nie gesehen. In ihrem Gehirn war für diese Wahrnehmung kein Muster abgespeichert. Sie sollen nur eine Art Welle gesehen haben.

Da sie so etwas nicht kannten, erreichte das Bild erst nur das Unbewusste. Dort wurde es mit bisher Bekanntem verglichen und so umgewandelt, dass ihr Bewusstsein es aufnehmen konnte. Immerhin sahen sie die ungewöhnliche Welle, während Bileam anstatt des Engels nichts sieht.

Dies wirft ein Licht auf die Geschichte Bileams, denn wir sehen hier den Prozess, den Bileam durchläuft, um später doch sehen zu können. Und dieser entspricht dem **Erkenntnisweg**, den wir immer wieder in unserem Leben bewältigen, wenn wir etwas lernen und erkennen wollen (sollen).

Der Eselin kommt hier eine nicht nur im Wortsinne tragende Bedeutung zu, denn das Unbewusste, das sie repräsentiert, nimmt sehr wohl wahr. Es erkennt. Aber natürlich kann es das rudimentär Gesehene nicht einordnen, dazu braucht es das Bewusstsein. Erst wenn das »sieht«, gibt es wirklich ein Erkennen.

Die Eselin weicht aus, beim ersten Mal ohne gravierende Konsequenzen. Ärger und ein paar Schläge, dann kommt alles wieder auf Kurs. Kennen wir das nicht auch? Haben wir ein kleines Hindernis umschifft, geht es zügig weiter, das Ziel vor Augen.

Beim zweiten Mal wird es schon enger, Bileam verletzt sich, er nimmt den Schmerz wahr. Und Schmerzen mögen wir grundsätzlich nicht. Von seinem Ziel eingenommen, lässt er sich aber nicht stoppen und hält nicht inne. **Bileam fragt sich nicht:** Was geht hier vor? Was geschieht gerade?

Bileam versteht nicht, dass die Eselin, sein Unbewusstes, auf eine Wahrnehmung reagiert, er spürt nur ihr Ausweichverhalten, weil er schmerzhaft ausgebremst wird.

Ohne seine Eselin könnte Bileam diesen Entwicklungs- und Erkenntnisprozess nicht durchlaufen. **Er braucht den Stopp, den er freiwillig nie einlegen würde.** Es drängt ihn vorwärts und er möchte sein Ziel ohne Verzögerung erreichen. Dieses Unverständnis, das Nichtbegreifen, der Ärger – all das gehört dazu.

Auch die zweite Hürde kann Bileam noch nehmen, ohne in eine Sackgasse zu gelangen. Die Eselin ist bemüht, seinem Kommando zu folgen. Sie spürt den Drang, vorwärtsgehen zu müssen, lässt sich von ihrem Herrn treiben, sieht aber zugleich das Hindernis.

Die Eselin gerät also in einen **inneren Konflikt**, denn sie steht im Dienste Bileams, erkennt aber auch das bedrohliche Hindernis. Sie kann allerdings nicht einfach mit Bileam sprechen, um ihn zu informieren.

So drückt sie ihren inneren Konflikt durch ihr Verhalten aus. Sie weicht aus. Das müsste Bileam eigentlich stutzig machen. Er kennt schließlich seine Eselin, die ihn immer zuverlässig getragen hat. Aber **Bileam reflektiert nicht**. Er ist so von seinem Ziel eingenommen, dass er nicht nach links und nicht nach rechts sieht. Er ist verbohrt.

So kommt es schließlich zum erzwungenen Stopp. Die Eselin hat in ihrem inneren Konflikt keine andere Wahl mehr, denn **ein Ausweichen ist nun nicht mehr möglich**. Sie verweigert das Voranschreiten.

Als Reaktion in dieser Situation sind **Traurigkeit, Hilflosigkeit, Ohnmacht**, aber auch **Wut** Optionen. Traurigkeit, Hilflosigkeit und Ohnmacht würden Bileam in seiner Lage festsetzen. Er bekäme keine Möglichkeit der Erkenntnis, denn er wäre in diesen Gefühlen gefangen.

Aber Bileam reagiert mit Wut. Wut ist eine bedeutsame Energie unserer Seele, denn **sie führt zur Auseinandersetzung**. Bileam setzt sich mit dem Stopp auseinander, als er die Eselin schlägt.

Das ist so, als ob Bileam bei diesem erzwungenen Stopp Gott und die Welt anklagt und seine Wut gegen sich und den Körper richtet. Diese Wut ist auch Ausdruck einer gefühlten Hilflosigkeit, denn ohne die Eselin kommt Bileam nicht voran, kann sein Ziel nicht erreichen. Genauso brauchen wir einen gesunden Körper, um unsere Ziele hier auf dieser Welt zu erreichen.

Aber **ein streikender Körper lehrt uns etwas**, wie uns ein plötzlich unüberwindlich scheinendes Hindernis etwas lehrt. Erst können wir diese Lehre nicht erfassen. So wenig wie Bileam auch. Er schlägt seine Eselin, klagt sie gewaltsam an, denn er will den Willen des Herrn erfüllen und sein Ziel erreichen. **Dieses Ziel ist eine Weisung des Herrn**, also kann daran nichts falsch sein.

Bileam ist von sich überzeugt, denn er hat in Klausur einen klaren Auftrag bekommen, den er erfüllen muss. Er bemerkt nicht, dass er rennt und dabei wichtige Botschaften auf seinem Weg verpasst.

Dann spricht die Eselin zu ihm. Nun, im erzwungenen Anhalten, ist es möglich, dass Bileam von der Eselin als seinem Unbewussten eine Botschaft vernimmt. Diese Botschaft wird in Form einer Frage an ihn gerichtet.

»Was habe ich dir denn getan, dass du mich nun schon dreimal geschlagen hast? (...) Bin ich nicht deine Eselin, auf der du zeitlebens geritten bist? Habe ich jemals so reagiert wie heute?« (4. Buch Mose, Kapitel 22, Verse 28-30)

Diese Fragen rütteln Bileam auf. Er kommt ins Nachdenken, denn in der Tat hat er solch ein Verhalten noch nie erlebt. **Also muss es einen Grund dafür geben, den er bis dahin nicht erkennen konnte, denn er liegt außerhalb seiner bisherigen Erfahrungen.**

Der Stopp ist also notwendig, damit sich Bileam diesen Fragen stellen kann. Dazu gehört das Verständnis, **dass ihm diese Situation etwas sagen will**, was er noch nicht kennt. Hier geht es auch um die Rückschau. Bileam erkennt mit dem Verstand – also dem Teil, der Vergangenes nach-denkt und Schlüsse ziehen kann –, dass hier etwas nicht stimmt. Aber in **seinen bisher bewussten Erfahrungen findet er die Lösung nicht**.

Bileam gerät an die Zuspitzung dieses Konfliktes: Er will einen Weg gehen, sein Ziel erreichen, ist aber nun völlig ausgebremst. **Mit seinen bisherigen Mitteln kommt er nicht weiter.** Dies ist ein magischer Moment. Es ist der **Moment der Bewusstwerdung**. Indem sich die Eselin auf ihre Weise verhält, wird Bileam auf diesen Moment vorbereitet.

Erst ist das Ausweichen unverständlich für Bileams Bewusstsein. Darauf folgen die Enge und der erste Schmerz. Wieder unverständlich. Schließlich der komplette Stopp. Total unverständlich und mit den bisherigen Erfahrungen nicht vereinbar.

Öffnet sich Bileam jetzt für eine neue Ebene, kann er diesen Konflikt lösen. Er geht durch eine Krise, die sich zuspitzt. Und die Eselin, das Unbewusste, spielt hier eine ganz bedeutende Rolle. Sie trägt ihn bis zur Zuspitzung der Situation und erträgt seine Wut und sogar die Schläge.

Bis Bileam die Botschaft endlich versteht. Er braucht dieses Unbewusste, weil es einerseits die Informationen längst aufgenommen hat, die er selbst noch nicht sehen kann. Andererseits weil es dazu dient, ihm **durch den Schmerz Gelegenheit zu geben, die Augen zu öffnen**. Und das, indem in ihm Fragen hochkommen, die Bileam erst erkennen lassen, dass es um etwas geht, das er bisher noch nicht wahrgenommen hat.

Nach dieser Erkenntnis hören wir von der Eselin nichts mehr, sie wird nicht weiter erwähnt. Wir dürfen also davon ausgehen, **dass sie wieder »funktioniert«**. Sie weicht nicht mehr aus, stoppt nicht mehr und verursacht keine Schmerzen mehr. **Hat Bileam also den kritischen Punkt seiner Entwicklung überstanden, funktioniert das gesamte System aus Bewusstem und Unbewusstem wieder.** Alles läuft normal.

Wir sehen das beispielsweise auch an Kindern. Haben sie eine Kinderkrankheit durchlebt, sind sie danach verändert, reifer geworden. Alle Eltern, die ihr Kind durch eine Kinderkrankheit begleiten, können diese Wahrnehmung machen.

Manchmal bedient sich die Seele auch bei uns Erwachsenen der Option, uns durch eine Erkrankung etwas bewusst zu machen. Wir sind oft auf einem anderen Level, wenn wir eine Krankheit überwunden oder gelernt haben, mit ihr zu leben. In der Rückschau können wir erkennen, wohin sie uns geführt hat. Wir begreifen den Entwicklungsschritt.

Vielleicht haben wir schon mal erlebt, dass uns Kopf- oder Rückenschmerzen ausgebremst haben. Und manchmal haben wir im Nachlassen dieser Schmerzen etwas bewusst erkannt, was wir vorher nicht erfasst hatten.

Oder wir haben erlebt, dass wir just zu Beginn des Urlaubes eine Grippe bekommen hatten. Der Körper hat uns nach all der Belastung ausgebremst und uns gezeigt, dass es zu viel war, was wir uns die letzten Monate zugemutet hatten. Und wenn wir das erkannt haben, gehen wir nach dem Urlaub anders an unsere Arbeit heran.

Es gibt vielfältige Möglichkeiten, eine Krisensituation zu durchleben, um uns weiterzuentwickeln. Eine Krise muss nicht zwangsläufig mit körperlichem Leid verbunden sein. Das können auch Ereignisse wie ein Jobverlust oder eine Trennung sein, die uns plötzlich ausbremsen und uns die bisherige Sicherheit nehmen. Das Wort für Krise bedeutet im Chinesischen der Zusammenhang zwischen Gefahr und Chance. Es wird eng. Wir erleben es als Gefahr, wenn wir gewohntes Terrain verlassen (müssen), bekommen aber die Chance für einen neuen Schritt.

Es muss nicht immer so dramatisch ablaufen, wie Bileam es durchlebt und wie wir es hin und wieder im Leben erfahren. Manchmal sind es auch kleinere Schritte, die von unbedeutenderen Hindernissen ausgelöst werden, uns aber die richtigen, weiterführenden Fragen stellen lassen.

Wichtig ist, dass wir auf Impulse und Ungewöhnliches achten. Läuft etwas anders, als wir es bisher gewohnt sind, deutet sich möglicherweise ein bedeutsamer neuer Schritt in unserer Entwicklung an: eine ungewöhnliche, bisher nicht erlebte Erfahrung oder Erkenntnis, die ins Leben integriert werden will.

Zusammenfassung

Unser Unbewusstes nimmt viel mehr Informationen auf als unser Bewusstsein. Zu diesem dringen nur wenige Informationen durch. Erkennen und begreifen wir etwas Wesentliches nicht, dann durchleben wir den Erkenntnisprozess, den auch Bileam durchläuft. Unser Unbewusstes konfrontiert uns mit Hindernissen, manchmal auch mit Krankheit und Leid. Wir reagieren dann emotional, vielleicht mit Traurigkeit oder Hilflosigkeit. Spüren wir aber Wut und geben ihr Raum, kommen wir in die Auseinandersetzung. Nun konfrontieren wir uns mit der Situation und stellen die Fragen, die wir mit unserem bisherigen Wissen nicht beantworten können. An diesem kritischen Punkt öffnen wir uns für neue Möglichkeiten und beginnen zu »sehen«, neue Ideen und Impulse erfassen uns. Oder neue Informationen aus der Umwelt, die wir bisher überhört haben, erreichen unser Bewusstsein. Unser Unbewusstes nimmt früher wahr und will uns in

Situationen führen, in denen wir schließlich die Augen öffnen und sehen können.

4. Der Engel – das Hindernis

Will Bileam mit Gott reden, geht er in Klausur. So bekommt er direkten Kontakt und hört die Weisungen des Herrn. Auf diese Weise erfährt er, was sein Auftrag ist. Dies ist eine **Einbahnstraße**: Nur wenn Bileam den Kontakt auf diese Weise herstellt, bekommt er auch Hinweise.

Aber hat Gott Bileam nun etwas zu sagen, eine Botschaft zu übermitteln, wie kann das geschehen? Dafür gibt es mehrere Möglichkeiten. Bileam könnte einen Traum haben. Oft hören wir in der Bibel, dass Gott im Traum zu jemandem spricht.

Inzwischen wissen wir auch, dass solche Botschaften in Form von Intuitionen, Gefühlen, inneren Bildern, Zeichen oder Symbolen zu uns kommen. Wollen wir diese empfangen, bedarf es aber der Offenheit für diese Sprache.

Wir hören nirgends von der Möglichkeit, dass die Schöpfung direkt mit Bileam reden könnte. **Der ist gar nicht aufnahmefähig.** Er ist vollends von seinem Auftrag erfasst und schaut nicht mehr nach rechts oder links. **Er kann also nicht empfangen**.

Um dieses Problem zu lösen, schickt die Schöpfung einen Engel. Der Engel ist derjenige, der Botschaften überbringen kann. Allerdings sieht Bileam den Engel nicht. Er hört und sieht nichts, ist nur auf seinen Auftrag fixiert, so wie er ihn verstanden hat.

Der Engel versucht also, sich bemerkbar zu machen, denn er hat Bileam eine Botschaft zu überbringen. Dazu muss er zuerst die **Aufmerksamkeit Bileams erlangen**. In der Geschichte sehen wir, dass sich der Engel Bileam in den Weg stellt, denn ein Hindernis wird ihn sicher aufschrecken. So wohl der Plan.

Aber Bileam reagiert nicht. Er reagiert nur auf die Eselin, denn sie ändert ihren gemeinsamen Kurs. Sie selbst kann nicht mit dem Engel in Kontakt treten, weil es ja Bileam ist, der eine bewusste Botschaft empfangen soll. Dazu muss Bileam selbst den Engel wahrnehmen, nur dann kann er hören.

Aber Bileam ist bislang keinem Engel begegnet, er verfügt über keine Antenne für eine solche Begegnung und erwartet sie deshalb nicht. Er geht einfach weiter und nimmt den ersten Umweg in Kauf.

In der Geschichte sehen wir, wie es für Bileam immer enger wird. In seinem Unwissen und seiner Unfähigkeit, den Engel zu erkennen, nimmt er ihn noch nicht einmal als Hindernis wahr. Nur die Eselin weicht aus. Es geht hier also nicht nur um die Botschaft, die der Engel überbringen soll. Es geht auch darum, dass Bileam den Engel erkennt, denn erst dann funktioniert der Kontakt.

Der Engel hat also diese zweite Aufgabe, **sich für Bileam**

sichtbar zu machen. Er gibt ihm erst eine Chance, ohne große Schwierigkeiten zum Sehen zu finden, und stellt sich ihm in den Weg. Aber Bileam nimmt ihn nicht wahr.

Wir sehen darauf keine emotionale Reaktion des Engels. Er hat wohl auch nicht erwartet, dass Bileam bereits beim ersten Mal reagiert. So geht die Schöpfung vor, wenn es um Entwicklungsschritte geht.

Bileam könnte gewarnt sein. Er erkennt, dass die Eselin einen Umweg macht, sieht aber das eigentliche Hindernis nicht, erfasst nicht die Bedeutung des Geschehens und **ist noch nicht bereit, dieses Zeichen zu erkennen**.

Würde Bileam das erste Zeichen erkennen, **müsste er innehalten**. Er dürfte nicht losrennen, sondern sollte achtsam und vorsichtig sein. Aber ist das die Natur des Menschen?

Wir neigen dazu, Schmerz zu vermeiden. Würden wir uns bei jedem Hindernis sofort nach dem Sinn fragen, müssten wir unseren Weg allzu oft unterbrechen. Aber etwas treibt uns vorwärts. Und **das empfinden wir als wichtig**, so wie Bileam auch.

Wie kann Bileam erkennen, ob ein Hindernis vor ihm liegt, das ihn für eine Botschaft aufhalten soll, oder ob es darum geht, trotz Hindernissen voranzuschreiten? Würde Bileam bei jedem Hindernis innehalten, käme er gar nicht ans Ziel.

Insofern ist es richtig, dass Bileam voranschreitet, denn

er hat einen wichtigen Auftrag, den er erfüllen will. In der **Rückschau** kann er erkennen, dass der Engel als Hindernis ein Zeichen war, innezuhalten und in sich hineinzuhören, ob er mit der richtigen Einstellung auf dem richtigen Weg ist.

Beim zweiten Hindernis wird der Engel schon deutlicher. Er wählt eine Enge, die Bileam aufrütteln könnte, denn die Eselin kann sich nur mit Mühe am Engel vorbeiquetschen, und so wird Bileam verletzt.

In meiner Arbeit habe ich immer wieder eine Wahrheit erfahren: Es gibt keine Entwicklung, keine Heilung ohne Veränderung und keine Veränderung ohne Schmerz. Machen wir einen Schritt in unserer Entwicklung, muss sich etwas in uns verändern. Wir werden Dinge anders beurteilen, eine neue Perspektive gewinnen. Und wir werden Fähigkeiten entwickeln, die wir bislang nicht hatten.

Dieser Veränderungsprozess kann schmerzhaft sein wie in Bileams zweiter Begegnung mit dem Engel. Wir müssen dabei nicht unbedingt im wörtlichen Sinn Schmerzen erleiden. Gehen wir über unsere bisherigen Grenzen hinaus, übertreten wir eine Schwelle, eine Hürde. Das kann unangenehm sein, mit Angst oder Schuldgefühlen einhergehen und manchmal auch mit psychischen oder körperlichen Symptomen verbunden sein.

Je offener und bewusster wir unsere Entwicklungsschritte gehen, desto früher können wir die nächste Veränderung erkennen und vollziehen und desto weniger unangenehm wird sie. Aber manchmal lernen wir nur durch schmerzhafte Erfahrungen, so wie Bileam.

Hätte Bileam den Engel bereits bei der ersten Begegnung wahrgenommen, weil er dafür offen gewesen wäre, hätte er später die beiden schmerzlichen Situationen nicht erleben müssen. Aber Bileam war nicht offen, er ist blind vorangeschritten.

In einer Trennungssituation geschieht oft Ähnliches. Ein Partner trennt sich, der andere ist von dieser Entwicklung völlig überrascht. **Er hat die Zeichen in der Vergangenheit nicht wahrgenommen,** auf Hinweise, dass sich etwas ändert, nicht reagiert oder sie ausgeblendet. Dann kommt die unerwartete Trennung als schwerer Schlag. **Nun muss er die Augen für die Realität öffnen**, ob er will oder nicht. Und das tut weh.

Ähnlich kann es bei einem plötzlichen Jobverlust sein, den man nicht erwartet hat, oder einem Burn-out. Das alles sind Beispiele, bei denen wir »ins offene Messer« rennen können. Aber das muss oft nicht sein, wenn die Zeichen früher erkannt werden.

Nähme Bileam offen wahr, was um ihn herum ist, könnte er den Engel frühzeitiger sehen, aber er hat hier seinen blinden Fleck. Und **deshalb nutzt die Schöpfung deutlichere Mittel**.

Dann wird es unangenehmer, so wie bei Bileams zweiter

Begegnung mit dem Engel. Es tut etwas weh. Aber auch hier erkennt er nicht, worum es wirklich geht. Er öffnet die Augen noch nicht und will oder kann die Wahrheit nicht sehen.

Aber der Engel hat seine Aufgabe. **Er muss sich bemerkbar machen, auf dass er gesehen wird, und eine Botschaft überbringen.** Bileam soll etwas erkennen und erfahren. Da er sich in den ersten beiden Situationen noch nicht geöffnet hat, muss der Engel zu drastischeren Maßnahmen greifen.

Bileam wird erst durch Schaden klug. Erst wenn gar nichts mehr geht, wacht er auf. Dann fängt er an zu fragen, was eigentlich los ist.

Bileam wird wütend und schlägt auf die Eselin ein. In dieser Situation lässt Gott, die Schöpfung, die Eselin sprechen: »Bin ich nicht deine Eselin, auf der du zeitlebens geritten bist? Habe ich jemals so reagiert wie heute?« (4. Buch Mose, Kapitel 22, Vers 30)

Diese Fragen rütteln Bileam auf, denn er muss tatsächlich erkennen, dass hier etwas geschieht, das er zuvor noch nie erlebt hat. Bileam konnte sich in der Vergangenheit immer auf seine Eselin verlassen. Nun ist er irritiert.

Die kritische Lage, in der der Engel den Weg versperrt, markiert die **Schwellensituation** für Bileam. Er erkennt endlich, dass etwas Ungewöhnliches passiert.

Der Engel hat also nicht nur die Aufgabe, eine Botschaft zu überbringen. Um Bileam die Augen zu öffnen, **muss er ihn in eine ausweglose Situation bringen**. Diese Krise ist die Schwelle. **Der Seher öffnet erst die Augen, als es nicht mehr anders geht.**

Das ist der entscheidende Augenblick in der Entwicklung: die Krise. Im deutschen Sprachgebrauch ist der Begriff Krise eher negativ belegt. Aber er meint, dass sich eine Entwicklung zuspitzt. Die Krise Bileams beginnt bereits in seiner ersten Begegnung mit dem Engel, aber er erkennt sie nicht als solche. Erst als gar nichts mehr geht, kommt er in das direkte Krisenerleben, was auch uns oft so geht.

Nichts geht mehr. Ein Gefühl der Ohnmacht stellt sich ein, denn Bileam kann angesichts des Streiks der Eselin nichts mehr machen. Er ist hilflos und kann die Eselin nicht zwingen. Trotz seiner Wut und der Gewalt, die er anwendet, bewegt sich nichts. Erst an diesem Punkt angelangt, kommt Bileam in die Ruhe, dass er die Fragen hören kann, die die Eselin ihm stellt. **Nun erst kann er sich mit dem Widerspruch auseinandersetzen.**

Hier liegt der Höhepunkt seiner Krise. Es geht nicht weiter, alle seine bisherigen Bemühungen haben keine Veränderung herbeigeführt. **Erst in dieser ausweglosen Situation öffnet sich Bileam für Neues. Neues bedeutet, kreativ zu werden.** Etwas Neues zu entwickeln, erschöpft sich eben nicht in der Anwendung von Altvertrautem.

Hören wir, dass die Eselin plötzlich sprechen kann, bedeutet das auch, dass Bileam nun **Botschaften aus seinem Unbewussten wahrnimmt**. Und die weisen ihn auf Widersprüche hin. Bileam hinterfragt das bisher Erlebte und kommt zu dem Schluss, dass in dieser Situation etwas nicht normal abläuft. Es ist offensichtlich etwas am Werk, das er nicht kennt.

Genau das ist der Moment, in dem Bileam bereit ist, Neues in sein Leben zu lassen. Der Engel hat also die Aufgabe, den Seher an diesen Punkt zu bringen. Soll er die Sprache der Eselin verstehen können und die Augen für den Engel öffnen, muss Bileam in diese desperate Lage kommen.

Wir erinnern uns, dass es Bileams Auftrag ist, zu den Moabitern zu reisen und ihnen zu verkünden, was Gott sagt. Vielleicht verstehen wir jetzt besser, warum Gott beim ersten Mal Nein gesagt hat. Er will nicht nur testen, ob Bileam bestechlich ist, denn nur wenn er das nicht ist, kann er den Willen Gottes weitertragen.

Gott erkennt oder weiß schon, dass Bileam nicht direkt sehen oder hören kann. Aber nur, wenn er das kann, kann er auch den Willen Gottes direkt übermitteln. Er kennt Bileam mit seinen Fähigkeiten, aber auch mit seinen Grenzen. Bileam kann nur bedingt sehen und hören, wenn er in Klausur geht und Kontakt aufnimmt. Aber ohne Abgeschiedenheit ist er nicht in der Lage, Botschaften zu empfangen.

Gott kann also nicht unmittelbar zu Bileam sprechen, denn der Seher Bileam nimmt so manches noch nicht wahr, zum Beispiel den Engel als Boten. Wie also sollte Bileam seiner Berufung bei den Moabitern folgen, wenn er nicht sehen und hören kann, und zwar in jeder Situation?

Hier kommt der Engel ins Spiel: Er hat nicht nur die konkrete Nachricht zu überbringen, sondern soll Bileam auch lehren, Botschaften jederzeit und unabhängig von den äußeren Umständen zu empfangen. **Dazu aber muss sich Bileam weiterentwickeln.**

Der Engel bringt Bileam also in eine Krise. Er bremst ihn nach und nach aus. So lange, bis Bileam in der Zuspitzung der Krise gezwungen ist, die Augen zu öffnen, denn freiwillig tut er das nicht.

Der Engel macht sich zuvor zweimal ohne die Zuspitzung einer Krise bemerkbar, aber Bileam kann ihn nicht bewusst erkennen, obwohl die Eselin ihn schon sieht. Dass die Eselin, also das Unbewusste, den Engel wahrnimmt, genügt nicht, Bileam selbst muss ihn erkennen.

Wie also soll der Engel sich bemerkbar machen, damit er das Bewusstsein Bileams erreicht? Gott schickt den Engel genau zu diesem Zweck. **Bileam muss durch eine Krise gehen, um seine Augen zu öffnen.** Das weiß die Schöpfung sehr wohl. Vielleicht ist auch das ein Grund für den Zorn Gottes, als er sieht, wie Bileam sich auf den Weg macht.

Hier begreift Gott, dass Bileam erst gelehrt werden muss, bevor er seinen Auftrag erfüllen kann. Natürlich können wir uns fragen, ob die Schöpfung, ob Gott das nicht ohnehin weiß. Wenn er Bileam für diesen Auftrag auswählt, ist ihm sicher bewusst, dass dieser noch gar nicht dafür gewappnet ist. Bileam muss erst einen Entwicklungsschritt machen, um für diese Ebene seines Auftrages reif zu werden.

In der Bileam-Geschichte zeichnet die Bibel ein Bild Gottes, das menschlich verständlich ist, weil er Bileam einfach losreiten sieht, ohne dass dieser sich für den tieferen Sinn seines Auftrages öffnet. Daher ist sein Zorn nachvollziehbar. Bileam tut ohne Zögern das, was ihm aufgegeben wird, so wie er es eben versteht und kann.

Die Schöpfung kennt also Mittel und Wege, uns als Werkzeug für das große Ganze einzusetzen. Und sie kennt Methoden, uns Entwicklungsschritte machen zu lassen, damit wir unseren Auftrag erfüllen können. Zu diesem Entwicklungsschritt gehört mitunter auch die Zuspitzung einer Situation, wenn wir nicht bereit sind, frühzeitiger die Augen zu öffnen.

Wäre Bileam nicht einfach losgeritten, sondern bedacht vorgegangen, hätte er vielleicht die Möglichkeit gesehen, seinen nächsten Erkenntnis- und Entwicklungsschritt ohne die Zuspitzung einer Krise zu machen. Aber er neigt dazu, auf seine bisherige Erfahrung zurückzugreifen und an seinen Gewohnheiten festzuhalten.

Zusammenfassung

Der Engel in dieser Erzählung hat gleich mehrere Aufträge:
Er soll nicht nur eine Botschaft überbringen, sondern es
geht auch darum, dass Bileam sich in jeder Situation auf
Empfang einstellen kann. Nur wenn er offen ist, kann er
wahrnehmen, aber diese Offenheit fehlt ihm noch. Somit
will sich der Engel, der die Botschaft bringt, bemerkbar machen und führt Bileam immer weiter bis zu dem kritischen
Punkt, an dem dieser die Augen für das Neue öffnen kann.

**Wir tendieren dazu, so zu funktionieren, wie wir es in
unserer Kindheit und Jugend gelernt haben.** In dieser
prägenden Zeit haben wir ein Verhaltensmuster entwickelt
und die Werte unserer Umgebung übernommen. Das ist
alles tief ins Unbewusste, in die Gewohnheit, gedrungen.
Wollen wir daraus ausbrechen, da etwas in uns voranschreiten will, denken wir vielleicht, wir müssten, sollten
oder könnten etwas anders machen. Aber wir tun es nicht,
denn das alte Muster ist zu zementiert.

Unser Lebensfluss will uns weitertragen, aber wir neigen
dazu, in alten Bahnen zu laufen. **Wir müssen zur Ruhe
kommen, zur Stille, müssen lernen, bislang bewährtes
Verhalten zu hinterfragen und die Widersprüche zu erkennen, um uns für neue Möglichkeiten zu öffnen.**

Deshalb müssen wir den nächsten Schritt, unsere neue
Aufgabe wirklich erfassen. **Dazu brauchen wir neue
Fähigkeiten,** die es zu erlernen und zu erproben gilt. Der

Bote, der Engel, symbolisiert die Energie, die uns im Entwicklungsprozess das Hindernis bewusstmacht, bis wir merken, dass wir es mit unserem bisherigen Verhalten nicht überwinden können. Dazu braucht es manchmal externe Ereignisse, die uns ausbremsen, manchmal auch interne.

Die Schöpfung oder unsere eigene Seele senden uns also Hemmnisse: Hindernisse, die uns aufrütteln und uns bisher Gewohntes hinterfragen lassen, sodass wir Widersprüche erkennen, die uns die Augen für das Neue öffnen.

5. Die Betroffenheit – Wut und Ärger

Die dritte Situation, in der der Engel in der Enge steht und die Eselin streikt, ist der Höhepunkt der **sich zuspitzenden Krise**. Hier ist der Punkt, an dem alles scheitern, aber auf einer neuen Ebene auch weitergehen kann. Vielleicht verstehen wir jetzt das chinesische Zeichen für Krise besser: **Gefahr und Chance**, beides steckt in dieser Situation.

Entscheidend ist, dass Bileam nun die Sprache der Eselin verstehen kann. Interessanterweise macht die Schöpfung erst an diesem Punkt, als Bileam in seiner ohnmächtigen Wut ist, möglich, dass die Eselin sprechen kann. Wir könnten uns fragen, warum Gott sie nicht schon beim ersten Mal, als das Tier den Engel sah und ausgewichen ist, hat sprechen lassen.

Hätte die Eselin ihr Ausweichen sofort erklärt und Bileam den Engel gleich gesehen, wäre alles weniger dramatisch abgelaufen. Aber menschliche Entwicklung läuft nicht immer gradlinig ab. Wir kommen sehr häufig erst an den Punkt der Erkenntnis und des **Bewusstwerdens**, wenn es nicht mehr anders geht.

Das ist nicht zwangsläufig so, wir könnten oft schon früher »aufwachen«. Dazu müssten wir sehr achtsam und aufmerksam sein, um die Zeichen frühzeitig zu erkennen. Wir erinnern uns, dass die Schöpfung auch in Zeichen zu uns spricht. Das Ausweichen der Eselin ist **ein Zeichen**, aber es wird von Bileam nicht als solches erkannt.

In dieser Geschichte wird uns vor Augen geführt, wie Entwicklung abläuft, wenn wir die Zeichen nicht erkennen, sondern blind losrennen. Dann braucht es diese Zuspitzung der kritischen Situation bis zum Stopp, bis wir endlich **die richtigen Fragen stellen**.

Mit dem Hinweis der Eselin »Warum schlägst du mich?« wird der **Aufwachprozess** von Bileam in Gang gesetzt. Dazu braucht es das **Aufrütteln**, vielleicht sogar den Schock. Bileam wird sich plötzlich bewusst, was er da tut und dass sein Handeln im Widerspruch steht zu dem, was er bisher mit seiner Eselin erfahren hat.

Erleben wir Hemmnisse oder streikt gar unser Körper, ist das oft nicht leicht zu akzeptieren. Dann sind wir frustriert, enttäuscht, hilflos und eben durchaus auch wütend. Wir hadern mit Gott und der Welt, stellen alles infrage und zweifeln an unserer Zielsetzung.

Für Bileam ist es ein Schock, wenn die Eselin plötzlich ihren Dienst verweigert. Ähnlich ergeht es uns, wenn wir selbst krank werden oder andere in unserem Umfeld nicht wie gewohnt kooperieren. Wir suchen dann manchmal geradezu verzweifelt nach Lösungen.

Vielleicht will ein Unternehmer Mitarbeiter, die nicht wie erwartet funktionieren, entlassen. Das ist eine Option, vor allem dann, wenn das Problem tatsächlich bei den Mitarbeitern liegt. Aber vielleicht zeigt das Nichtfunktionieren Einzelner auch ein Problem im gesamten Unternehmen an. Es ist also zu hinterfragen: Was will mir diese Situation sagen? **Wo liegt das eigentliche Problem?**

Wir erleben das öfter in Beziehungskonstellationen: Da fällt ein Mitglied einer Gemeinschaft aus dem Rahmen, funktioniert nicht mehr so, wie die anderen es kennen und erwarten. Wir sehen das Problem dann bei diesem einzelnen Mitglied der Gemeinschaft, so wie Bileam es an seiner Eselin festmacht.

In der Psychotherapie kennen wir dieses Phänomen auch aus Familien. Einer ist psychisch erkrankt und kommt in Behandlung. Wenn wir aber nicht nur ihn betrachten, sondern das ganze System, dann erkennen wir oft, dass der Klient **der sogenannte Indexpatient** ist. Er trägt und indiziert das Problem der gesamten Familie.

Ändert dieser Patient sich in der Therapie, hat das **Auswirkungen auf das ganze System**. Überwindet ein Klient seine Ängste oder Schuldgefühle, dann verhält er sich anders, was Auswirkungen auf seine Umwelt hat. Sie muss nun lernen, mit den neuen Gegebenheiten klarzukommen.

Der Klient sagt vielleicht nun deutlich seine Meinung oder spricht Dinge an, die ihm nicht gefallen. Solange er zu allem geschwiegen hat, hat das System funktioniert – allerdings auf seine Kosten. Es ist also wichtig, immer das gesamte System im Blick zu haben. Heilung bringt immer eine Veränderung mit sich. Das wirkt sich auch im sozialen Umfeld aus.

Die Eselin macht endlich den Mund auf und stellt ihre vorwurfsvollen Fragen. Bislang hatte sie geschwiegen und versucht, den Konflikt durch Ausweichen zu lösen, bis sie in die Situation kam, dass es kein Fortbewegen mehr gab. Sie wurde ausgebremst.

Erst wenn sie ausgebremst wird, kann sie den Mund öffnen und sagen, was sie denkt. Erst wenn nichts mehr geht, sind auch wir oft bereit, uns für **unangenehme Fragen zu öffnen**. Vorher würden wir diese Fragen weder hören noch ernst nehmen, auch wenn wir mit ihnen konfrontiert werden.

Ein Therapeut stellt ebenso Fragen und bietet dem Klienten damit eine andere Perspektive an. Oft hören wir in der Therapie, dass der Partner oder ein anderer im System diese Fragen auch schon gestellt hat, aber sie kamen beim Klienten nicht an. Er hat sie nicht hören wollen oder nicht ernst genommen, weil sie von einem Menschen kamen, auf den er nicht hören wollte.

Es ist also wichtig, diese Fragen zuzulassen. Es reicht nicht, dass sie gestellt werden. Und es kommt darauf an, wer die Fragen stellt. Nur wenn ich als Klient Respekt gegenüber dem Therapeuten empfinde, lasse ich solche Fragen zu.

Hätte die Eselin ihre Fragen vorher gestellt, also schon

beim Ausweichen, hätte Bileam sie nicht ernst genommen. Er wäre nicht von seiner Intention, möglichst schnell zu seinem Ziel zu reisen, abgekommen. Was es braucht, ist dieses Schockmoment.

Erst in diesem Erleben »So geht es nicht weiter, ich komme nicht voran, bin völlig ausgebremst, nichts geht mehr« ist Bileam bereit, neue Informationen aufzunehmen. Es geht also darum, dass die Eselin sprechen und in welcher Situation sie sprechen kann, denn nun kommt die Botschaft bei Bileam an. Es gibt **eine gemeinsame Kommunikationsebene**.

In dieser kritischen Situation, in der Bileam offensichtlich leidet, ist er in der Lage, die Sprache der Eselin zu verstehen. Vermeidungsstrategien oder Ausweichverhalten funktionieren nicht mehr. Er hört erst auf das Tier, als er mit seinem Latein am Ende ist.

Ein Problem ist niemals auf der Ebene zu lösen, auf der es entstanden ist. Es bedarf immer des Wachstums und der Weiterentwicklung, wenn wir eine Schwierigkeit überwinden wollen. Stellen wir uns vor, wir haben einen Schaden am Auto. Ihn zu beheben kostet 2.000 Euro. Die haben wir nicht. Somit haben wir ein ernstes Problem: Wenn wir das Auto brauchen, ist die Reparatur notwendig, aber uns fehlt das Geld.

In dieser Zuspitzung der Krise sind zwei Fragen wichtig: **Wie löse ich mein aktuelles Problem?** Kann ich mir irgendwo Geld leihen? Kann ich es zusätzlich erarbeiten?

Die zweite, noch wichtigere Frage ist: **Wie verhindere ich, dass es zukünftig zu diesem Problem kommt?**

Das Problem ist nicht die Reparatur als solche, sondern der Mangel an Geld. Hätte ich 10.000 Euro zurückgelegt, wäre es zwar ärgerlich, eine so hohe Rechnung bezahlen zu müssen, aber es wäre kein Problem.

Die Schwierigkeit mit der Rechnung fordert mich also auf, neu über meine finanzielle Situation nachzudenken. Für die Zukunft geht es um die Aufstockung von Ressourcen, damit ich gar nicht mehr in eine solche Lage gerate.

Die Ebene hat gewechselt. Ich kann wütend sein, dass mir gerade 2.000 Euro fehlen. Aber ich kann auch die Augen für die neue Ebene öffnen: Rücklagen und die bessere Absicherung meiner finanziellen Situation. Auf diese Weise wachse ich über mein akutes Problem hinaus. Damit werde ich größer als das Problem, also ist es kein Problem mehr und ich gewinne neue Souveränität.

Habe ich bislang nicht gelernt, Rücklagen zu bilden, werde ich irgendwann ein finanzielles Problem bekommen. Habe ich aber von vornherein regelmäßig Geld gespart, stellt eine solche Rechnung mich nicht vor gravierende Schwierigkeiten. **Ein Problem fordert uns immer auf, über das Problem hinauszuwachsen.**

So ist es auch bei Bileam. Bileam erlebt eine Komplikation mit seiner Eselin. Jedenfalls sieht es für ihn so aus. Aber die Lösung liegt nicht in der Eselin. Er will sie zunächst mit Gewalt zwingen, wieder zu funktionieren, **weil er das eigentliche Hindernis nicht sieht**: den Engel, der mit seiner Botschaft im Weg steht.

In dem Augenblick, in dem er seine Wut äußert, ändert sich seine Situation. Wichtig aber ist die Wut. Wut ist eine Emotion. Bileam setzt sich nicht an den Wegesrand und denkt über sein Problem mit der Eselin nach. Das würde ihn nur in eine Gedankenschleife bringen, denn seine Überlegungen würden sich um die streikende Eselin drehen. Aber dort ist die Lösung nicht zu finden.

Mit seiner Wut provoziert er bei der Eselin und in seiner Beziehung zu ihr eine Veränderung. Nun kommt die Botschaft bei ihm an. Das wäre nie der Fall gewesen, hätte er nur dagesessen und über die Eselin und ihr Verhalten nachgedacht.

Bileam hat kein kognitives Problem, es geht nicht um seine Intelligenz, sondern ein emotionales Problem. Er will unbedingt vorankommen und wird blockiert. Das geht für ihn gar nicht. **Bileam lässt seine Wut zu.**

Das ist eine Situation, die wir in Entwicklungsprozessen immer wieder sehen. Ein Klient fragt nach dem Warum. Er will wissen, warum etwas gerade so ist, wie es ist. Aber auf diese Frage bekommt er keine Antwort, sie führt nur in eine Endlosschleife, denn sie ist rückwärtsgerichtet. Der Verstand schaut auf seine bisherigen Erkenntnisse und Erlebnisse und findet in der Rückschau keine Lösung.

Deswegen ist es so wichtig, aus der Frage nach dem Warum auszusteigen und **zu schauen, was die Gefühle machen**. Diese geben uns dann wirklich Hinweise und wir können den Blick nach vorne öffnen.

In der Endlosschleife bleiben wir allerdings häufig hängen, wenn wir nicht herausgerissen werden. Dazu braucht es den Schock, das Aufrütteln und **die Zuspitzung**. Die Emotionen von Bileam waren zunächst moderat. Ja, er war ärgerlich, als die Eselin einen Umweg gemacht hat. Ja, er war wütend, als er sich am Fuß verletzt hat. Aber es ging ja weiter.

Erst das völlige Stillstehen löst diese enorme Wut in ihm aus: »Hätte ich ein Schwert dabei, hätte ich dich schon umgebracht«, braust er auf (4. Buch Mose, Kapitel 22, Vers 29). Hier wird deutlich, wie sehr Bileam sein Ziel erreichen will: Einen Stillstand **kann er nicht akzeptieren**. Daher rührt seine enorme Wut. Bileam ist ein Mensch und hat Gefühle und darf sie auch haben. Erst durch diese heftige Emotion wird ihm bewusst, was er tut.

Bileam schlägt seine Eselin, die ihn bisher immer treu getragen hat. Die Eselin hätte nicht zu ihm gesprochen, hätte Bileam nicht völlig die Fassung verloren. **Erst der jähzornige Ausbruch lässt die Eselin sprechen** und ihren Herrn den Widerspruch erkennen, der in der Situation steckt. Die treue Gefährtin verweigert die Gefolgschaft. **Das muss einen Grund haben.** Bileam braucht dieses Aufrütteln durch den Stillstand, weil er frühere Zeichen nicht gesehen und verstanden hat.

Bileam denkt: »Es geht nicht weiter.« Aber was die Situation ihm sagt, ist: »**So** geht es nicht weiter.« Erst muss sich Bileam bewusstwerden, dass es einen wichtigen, bisher nicht erkannten Grund geben muss, dass es nicht weitergeht.

Wichtig ist es, hier den Unterschied zwischen den Fragen »Warum?« und »Wozu?« zu verstehen. Bezieht sich die Frage auf die Eselin – warum sie den Dienst verweigert –, stecken wir mit der Frage »Warum?« in der Endlosschleife des Rückwärtsschauens, denn wir bleiben auf der Ebene der Problementstehung. Öffnen wir uns aber nach vorne und fragen, wozu, zu welchem Zweck wir ausgebremst werden – dann weiten wir unseren Blick für eine neue Perspektive und gehen so auf die Ebene der Problemlösung.

Es ist für Bileam nicht nur schockierend, dass es diesen Stopp gibt, der seine Zielverfolgung zu blockieren scheint. Bileam schockt dazu vor allem die Frage der Eselin: »Was habe ich dir getan …?«

Die Wut, die Bileam empfindet, richtet er gegen sich. In der Geschichte richtet sie sich zwar konkret gegen seine Eselin, aber wir verstehen beide als Einheit. Kommt uns diese Wut gegen uns selbst bekannt vor? Gehen wir manchmal kritisch mit uns um? Machen wir uns nicht auch Selbstvorwürfe?

Schlagen wir nicht gelegentlich auf uns ein und verurteilen uns selbst?

Sehen wir die beiden nicht als Einheit, dann richtet Bileam seine Wut gegen eine bisher treue Gefährtin. Beides ist schockierend. Erleben wir Wut auf unseren Körper, der gerade nicht so funktioniert, wie wir es brauchen, dann richten wir unsere Wut auch gegen uns selbst. Vielleicht richten wir sie auch gegen einen geliebten Menschen, der gerade nicht unseren Erwartungen entspricht.

Hier ist die Perspektive der Einheit oder Gefährtenschaft nicht entscheidend, denn beides rüttelt Bileam auf, wenn er seine Wut dagegen richtet. **Es bedarf dieser schockierenden Erkenntnis, dass er aufwacht.** Bevor die Erkenntnis da ist, was er tut, ist das Gefühl da. Dieses Gefühl ist elementarer. **Und es lehrt ihn.**

Bileam wollte der Eselin, seinem unbewussten Anteil, nicht schaden, sie nicht abwerten, nicht eine bewährte Gefährtin verurteilen. Dieses Aufrütteln führt dazu, dass er **emotional tief berührt wird.**

Der Schock macht Bileam betroffen. Und genau diese **Betroffenheit** ist ein wesentliches Element in seinem Entwicklungsprozess. **Er ist unmittelbar berührt.** Den Wert der Betroffenheit können wir gar nicht überschätzen. **Sie ist der Punkt der Wandlung.**

Auch in therapeutischen Gesprächen kommt es zu solchen

Situationen der Betroffenheit. Nur wenn Klienten betroffen sind, sind sie emotional berührt, und Veränderungsprozesse können auf der emotionalen Ebene angestoßen werden.

Die Erkenntnis ist die Mutter der Entwicklung. Aber eine rein gedankliche Erkenntnis bringt uns nicht weiter. Es braucht eine emotionale Reaktion, sonst ändert sich nichts. Deswegen ist das Grübeln, die Frage nach dem Warum, so sinnlos, denn es führt uns im Kreis. Wir können dabei manche Erkenntnis haben, aber sie berührt uns nicht.

Bei Bileam sehen wir genau diese Betroffenheit, ausgelöst durch den Schock der Erkenntnis, was er da gerade sich beziehungsweise seiner Eselin antut. **Nun kommt Bileam endlich selbst in die Stille**, die notwendig ist, um zu begreifen, worum es wirklich geht.

Ich erinnere mich an ein kleines Beispiel aus meiner Schulzeit. Ich hatte den Ehrgeiz, gut in Latein zu sein. Oder sogar sehr gut. Woher dieser Ehrgeiz rührte, weiß ich nicht. Er war da. Ich strengte mich sehr an und hatte viel gelernt. Und dann kam der Tag, als ich eine Klassenarbeit zurückbekam. Und wieder war die Note nur befriedigend.

Mich packte eine solche Wut, dass ich das Heft auf mein Pult knallte und fluchte. Die Klasse war erstaunt, aber das war mir egal. Ich war wütend ohne Ende. **Was hatte ich nicht alles eingesetzt**, und das Ergebnis war dennoch immer das gleiche!

Ich weiß nicht, was damals in mir passiert ist. Aber ab diesem Zeitpunkt schrieb ich nur noch gute und sehr gute Arbeiten. Die Wut hatte etwas in mir berührt und mich auf der emotionalen Ebene verändert. Es ist zu lange her, als dass ich heute noch die tieferen Prozesse nachvollziehen kann, aber die Ergebnisse sprachen für sich.

Es ist wichtig, in die emotionale Betroffenheit zu kommen, wenn wir etwas verändern wollen. Auch wenn die Lateinnoten nur ein kleines Beispiel sind, so ist es doch auf wichtigere Prozesse im Leben zu übertragen. Es muss nicht immer um Wut gehen, die wir am Beispiel Bileams sehen. Es können auch andere Gefühle sein, die wir bisher nicht zugelassen haben.

Aber wenn wir in eine Schocksituation kommen, öffnet sich etwas in unserem emotionalen Erleben und **wir machen die Augen auf**. So wie Bileam.

Zusammenfassung

Stockt unser Entwicklungsprozess, kommen wir in Gefühle. Gefühle, die uns betroffen machen. **Diese Betroffenheit**, die emotionale Berührtheit, ist ein enorm wichtiger Punkt in unserer Entwicklung. Machen wir uns über das Stocken nur Gedanken, drehen wir uns im Kreis. **Die Frage nach dem Warum führt uns nicht weiter**, denn diese Frage schaut nur zurück. Mit dem Wissen und den Erfahrungen der Vergangenheit lösen wir unser Problem aber nicht. Es will sich etwas Neues zeigen. Dazu brauchen wir Kreativität. Das ist ein ganz anderer Bereich als unser Intellekt. Wenn wir in der Betroffenheit auf die emotionale Ebene kommen, gibt es neue Erkenntnisse, die uns weiterbringen können. **Dann öffnen wir unsere Augen für etwas, das wir bisher nicht wahrnehmen konnten.** Unsere Seele kommt in Bewegung und führt uns weiter.

6. Die Öffnung – die neuen Möglichkeiten

In der dritten Begegnung mit dem Engel sehen wir den kritischen Punkt, an dem sich alles verändert. Es geht hier nicht nur um den Engel, denn schon mit dem Sprechen der Eselin geschieht etwas Neues.

Die Eselin hat noch nie mit Bileam gesprochen – zumindest müssen wir das vermuten, denn sonst müsste ja Gott beziehungsweise die Schöpfung ihr nicht den Mund öffnen und sie **sprechen lassen**. In dem Text spricht die Eselin in Worten und wir erfahren, was sie zu sagen hat.

Aber wie spricht die Eselin? Redet sie tatsächlich in Worten, oder will uns so der Autor der Bibelstelle über den Inhalt informieren? Oder versteht Bileam ihre Sprache? Für das Verständnis der Situation reicht es, die Frage zu stellen, was jetzt anders ist als sonst.

Denn Bileam kann nun hören, was die Eselin zu sagen hat – auf welche Weise auch immer. Mit unserem Wissen über die Sprache der Seele und der Schöpfung ist zu vermuten, dass Bileam das spürt und fühlt, was er da »hört«, und vor seinem inneren Auge sieht, dass ihm die Eselin bislang immer klaglos gedient hat.

Entscheidend ist, dass er sie nun versteht. Er begreift, dass etwas nicht in Ordnung ist und seine Wut gegen das Tier nicht berechtigt sein kann. In der Geschichte öffnet Gott den Mund der Eselin in genau dem Moment, als Bileam sie schlägt.

Ihr Mund wird nicht in den beiden vorangehenden Situationen geöffnet. Ein allmächtiger Gott wäre mit Sicherheit in der Lage, ihren Mund schon früher zu öffnen. Aber er tut es erst in dieser Situation, denn erst jetzt steht Bileam an der Stelle, an der er **den Widerspruch fühlen beziehungsweise hören kann**.

Vorher hat er auf andere Erklärungsmöglichkeiten zurückgegriffen, ein Ausweichen kann schließlich gerade bei einem störrischen Esel viele Gründe haben. Ohne die Wahrnehmung des Engels gibt es für Bileam keine andere Erklärung.

Erst in der kritischen Situation, in der die Eselin den Gehorsam komplett verweigert, dämmert es Bileam, dass hier etwas nicht stimmen kann. Und nun öffnet er sich für das Hören. Er vernimmt, was das Unbewusste ihm mit der Stimme der Eselin sagen will. Das ist eine neue Qualität. **Diese Fähigkeit hatte Bileam vorher nicht.**

Die Geschichte beschreibt es so, dass die Eselin den Mund öffnen kann. Das ist etwas Neues, etwas, das es bisher nicht gegeben hat. Der Schock, dass nichts mehr geht, die emotionale Betroffenheit bei Bileam, als er seinen Wutausbruch hat, sind die Voraussetzung für seinen neuen Entwicklungsschritt.

Die Einheit Bileam — Eselin kommt damit in **eine direkte Kommunikationsmöglichkeit**. Die Eselin spricht und Bileam hört und versteht sie. Diese Information führt zum **Innehalten**, womit sich eine grundsätzliche Veränderung anbahnt. Die Eselin spricht und die Ohren von Bileam sind dafür offen.

Normalerweise müsste Bileam wie zu Beginn der Geschichte in Klausur gehen, um auf dieser Ebene kommunizieren zu können. Hier hat er sich aber nicht in die Stille zurückgezogen, sondern ist sehr aufgebracht und wird plötzlich mit einem Widerspruch konfrontiert.

Diese plötzliche Erkenntnis, die unangenehme Wahrheit, machen Bileam betroffen. Er ist geschockt. Was hat er gerade getan, als er seine Wut an der Eselin ausgelassen hat? Bileam sieht sich mit seinem eigenen Verhalten konfrontiert, was ihn sicherlich beschämt.

Ich erlebe das immer wieder in meiner Arbeit als Psychotherapeut. Als Therapeut lese ich nach und nach zwischen den Zeilen und erkenne Zusammenhänge, die der Patient noch nicht sehen kann und will. Konfrontiere ich den Klienten dann mit diesen Erkenntnissen, ist er zunächst still und reagiert mit ungläubigem Schweigen. Ich sehe dann, wie es in ihm arbeitet, und spüre, mit welchen Gefühlen er gerade kämpft.

Die Botschaft kommt von einer als Autorität empfundenen Person, denn der Klient hat sich für die Hilfe eines

Therapeuten entschieden, um aus seiner misslichen Lage herauszukommen. Er kommt gerade deswegen, weil er selbst nicht weiß, was hinter seiner Symptomatik steckt.

Solch eine Situation ist bedeutsam. **Sie markiert den Beginn der Wandlung.** Lässt der Klient das zu, was er bisher nicht sehen oder hören wollte, erlebt er zunächst diese Betroffenheit und einen mitunter heilsamen Schock. Manchmal wehrt er sich noch gegen diese Wahrheit. Hätte eine Partnerin oder ein Freund sie ausgesprochen, wäre der Widerstand meist höher und erfolgreicher, der Klient könnte diese Wahrheit einfach abtun.

Aber kommt die Wahrheit von einer neutralen Person, dann hat sie ein anderes Gewicht. Eine neutrale Person will nicht schaden und ist nicht auf den eigenen Vorteil bedacht, sondern will helfen und verfügt dazu über die notwendigen Kompetenzen. Das weiß der Klient sehr wohl, zumal er inzwischen Vertrauen aufgebaut hat.

Und auf genau dieses **Vertrauen** spricht die Eselin Bileam an, denn das war bisher die Grundlage ihrer Zusammenarbeit. Bileam konnte sich immer auf sie verlassen, daran wird er von der Eselin erinnert. Konnte er ihr also immer vertrauen, dann muss es einen gewichtigen Grund geben, dass sie sich jetzt so ungewöhnlich verhält. Wird Bileam durch ihre Worte darauf hingewiesen, dann muss ihn das **beschämen**. Wie konnte er nur voller Wut auf sie einschlagen, wo sie ihm doch immer treu gedient hat?

Das ist die Betroffenheit über das eigene Verhalten, der Schock, und genau das, was Bileam in seiner Lage erfährt. In meiner Arbeit habe ich immer wieder erlebt, wie wichtig dieser emotionale Schritt ist. Eine rein intellektuelle Erkenntnis reicht bei Weitem nicht zur Veränderung. Wenn ein Klient intellektuell erkannt hat, dass er etwas ändern müsste, verwendet er meist diese Worte: »Ich müsste, ich sollte, ich könnte ... oder ich versuche es mal.«

Das ist aber nicht die Ebene, auf der wirkliche Veränderung stattfindet. **Die intellektuelle Erkenntnis führt nicht weiter**, denn der Klient findet immer tausend Gründe, warum er seine neue Einsicht gerade nicht umsetzen kann.

Entscheidungen werden eben nicht vom Verstand getroffen, sondern immer auf der emotionalen Ebene. Und genau das weiß auch der Autor der Bileam-Erzählung. Bileam muss in eine Situation geführt werden, in der er emotional berührt wird, eine Situation, in der er betroffen reagiert und sich dadurch öffnen kann.

So verstehen wir auch, dass es zu dieser Zuspitzung kommen muss. Erst in der Zuspitzung seiner Situation öffnet sich Bileam und im ersten Schritt beginnt er, die Eselin zu verstehen. Er hört sie und versteht ihre Sprache. Die Eselin wählt die Sprache, die Bileam versteht.

Intuition gehört zu dieser Sprache. Manchmal ist es eine plötzliche Eingebung, die wir unmittelbar in Worte fassen können. Es müssen nicht immer Bilder, Zeichen oder Symbole sein, die zu uns sprechen. Das Wichtigste ist, **dass diese Eingebung emotional verknüpft ist**, dass es keine rein intellektuelle Erkenntnis bleibt. Dies können wir an der Betroffenheit von Bileam spüren, die er in seiner Situation erlebt.

Erst wenn er an diesem kritischen Punkt ist, kann der nächste Schritt erfolgen: Gott öffnet ihm die Augen. Und so sieht Bileam den Engel. Den Engel, den er vorher nicht wahrgenommen hat.

Vielleicht sind wir hier überrascht: Dem Seher Bileam werden die Augen geöffnet. Das mag überflüssig erscheinen, denn Bileam ist ja bereits Seher. Als solcher müsste er von Anfang an sehen können.

Aber wir erinnern uns an den Beginn. Dort wird uns aufgezeigt, auf welche Weise Bileam bis dahin sieht: Er geht in Klausur und öffnet sich für Gott, für die Schöpfung. Dazu benötigt er die Stille der Abgeschiedenheit, das Aussteigen aus dem Alltag.

Hier in der kritischen Situation geschieht etwas Neues. Bileam öffnet die Augen für das, was gerade vor ihm liegt. Durch die Ereignisse, durch die Eselin wird er zum Innehalten gezwungen. Mit den Fragen der Eselin öffnet er die Ohren, versteht ihre Sprache. Erst dann folgt die Öffnung der Augen.

Interessant ist die Aktivität Gottes, die Aktivität der Schöpfung. Der Autor formuliert es so, dass Gott der Eselin den

Mund öffnet, auf dass sie sprechen kann. Und als Bileam durch einen emotionalen Prozess geht, öffnet Gott ihm im nächsten Moment die Augen, auf dass er sehen kann.

Nun kann er den Engel sehen. Wer kann Engel sehen? Wenn wir davon ausgehen, dass es Engel, also Boten der Schöpfung, gibt, wenn wir davon ausgehen, dass Geistwesen existieren und nicht nur die mit den üblichen Sinnen wahrnehmbare Welt – dann ist es eine besondere Gabe, diese Wesen sehen zu können. Der Seher Bileam wird daran in der vollen Bedeutung des Wortes zum Seher.

Das Sehen von Bileam wird nun auf eine höhere Stufe gehoben. Wenn wir die Geschichte so begreifen, erkennen wir, dass Bileam einen **Entwicklungsprozess** durchläuft, einen Erkenntnisprozess. In diesem Fall sogar einen Initiationsprozess, denn er kommt auf ein neues Level seines Sehens.

Interessant ist dabei, dass in der Geschichte Gott beziehungsweise die Schöpfung maßgeblich an diesem Schritt beteiligt sind, denn nicht die Eselin öffnet ihren Mund, nicht Bileam öffnet seine Augen. Sondern dies widerfährt ihnen passiv, es wird getan. **Die Schöpfung greift ein.** Sie ist es, die die Möglichkeit der Veränderung eröffnet. Durch die persönliche Entwicklung bereitet sich dieser entscheidende Schritt zwar vor, aber erst in der kritischen Situation schreitet Gott beziehungsweise die Schöpfung ein. Das bedeutet: Die Entwicklung ist an dieser Stelle

ein passiver Prozess. Es geschieht. **Wir können es nicht machen.** Aber wenn wir uns auf den Höhepunkt der Krise einlassen, können wir es geschehen lassen.

Aber auch das ist nur die halbe Wahrheit. Denn die Schöpfung ist im gesamten Prozess aktiv, denn Gott gibt den Auftrag, schickt Bileam also auf seinen Entwicklungsweg. Gott sendet den Engel, der sich in den Weg stellt. Der Engel wählt drei Situationen und bereitet so den Entwicklungsschritt vor. Die Schöpfung wirkt also die ganze Zeit.

Da Bileam noch nicht auf dieser Ebene sehen und hören kann, durchläuft er diesen Prozess, der bei ihm zunächst Unverständnis auslöst – bis hin zu seinem Wutausbruch. Wir werden also Zeuge, **wie Bileam geführt wird, ohne dass er das selbst überhaupt erkennen kann**. Die Schöpfung führt ihn durch den Entwicklungsprozess und bringt ihn genau an den Punkt, an dem sich seine Ohren und Augen öffnen können.

Wie wunderbar wäre es, **wenn auch wir in dem Vertrauen leben könnten, dass wir geführt und getragen werden**, egal wie schwierig eine Situation gerade ist! Leider können wir das oft erst im Nachhinein begreifen. Wie wir alle habe ich inzwischen viele Entwicklungsschritte gemacht. Und wie oft war ich dabei verzagt, frustriert und wütend! Aber sobald sich meine Augen geöffnet haben und ich sehen konnte, worum es ging und wo die Lösung lag, war mein Herz voller Freude. Einerseits weil ich die jeweilige Krise überstanden hatte, andererseits weil nun eine neue Qualität in mein Leben getreten war.

Deswegen ist es wichtig, dass wir die Geschichte Bileams in dieser tieferen Bedeutung verstehen. Wir können daraus die **Zuversicht** gewinnen, dass wir geführt und getragen werden, auch wenn es sich gerade nicht danach anfühlt. Das Entscheidende ist aber, dass wir in diesem Vertrauen sind.

Je tiefer wir im Vertrauen sind, desto weniger dramatisch müssen wir unsere Situation erleben. Vertrauen wir, dann wissen wir, dass krisenhafte Situationen sich durchaus zuspitzen können, bis wir die neue Wahrheit erfassen.

Vielleicht können wir im Vertrauen schon frühzeitig die Zeichen erkennen und innehalten, um zu spüren, worum es eigentlich geht.

Diese Geschichte aus dem 4. Buch Mose lehrt uns auch, dass es nicht gut ist loszustürmen, nur weil wir ein wichtiges Ziel erkannt zu haben glauben, wie es Bileam tut. Er hat seinen Auftrag erhalten, aber in seinem im Wortsinne blinden Eifer **will er sein Ziel aus eigener Anstrengung erreichen**. Bileam vertraut voll auf den Auftrag, den er von Gott bekommen hat, und auf seine eigenen Kräfte. Aber er begreift nicht, dass dieser Auftrag etwas von ihm fordert, was er noch nicht kann: in der Situation zu sehen und sich nicht blindlings anzutreiben, sondern die eigene Perspektive in der Wahrnehmung weit zu halten. Wichtig bleibt, dass er seinen Auftrag treu verfolgt und dabei in seinem notwendigen Entwicklungsprozess begleitet, unterstützt, getragen und geführt wird.

Dieses Vertrauen, unseren Intuitionen, unseren Gefühlen, den Zeichen und Symbolen auf dem Weg zu folgen, ist das, was die Grundlage jeder Entwicklung darstellt. Vertrauen und glauben wir nicht, schreiten wir einfach nicht voran. Ignorieren wir aber unseren Auftrag, dann kommen wir in ernstere Schwierigkeiten, denn der Lebensfluss will weiterfließen. Wir können ihn nicht aufhalten, höchstens kurzfristig, sonst wird der Druck zu groß.

Folgen wir aber unserem Herzen, also der Stimme der Seele oder gar der Schöpfung, dann bedeutet das nicht, dass alles reibungslos geht. **Wir werden Hindernisse und Schwierigkeiten erleben und auf Probleme und Hürden stoßen.**

Bileam lehrt uns, **diese anzunehmen**, auch wenn sich unerklärliche Hindernisse auftun – wie eben eine Eselin, die vom Weg abirrt oder gar ihren Dienst verweigert. Er gerät damit in Not, denn sein Auftrag und der unfreiwillige Stopp scheinen sich vehement zu widersprechen.

Das ist das Erleben von Bileam, solange er noch nicht sehen kann. Sobald ihm aber die Augen geöffnet werden, stellt sich die Situation ganz anders dar. **Er hat die Perspektive gewechselt.** Das ist ein entscheidender Punkt.

So läuft es in jeder Therapie. Auch dort geht es um den **Perspektivwechsel**. Der Klient kommt mit einem Denken, das sich in vertrauten Bahnen festgefahren hat. Er hat ein bestimmtes Bild von sich und von der Welt. Vielleicht sieht er sich als Opfer. Sich anders zu sehen, einen neuen Blickwinkel zu bekommen, ändert bereits alles. Dazu muss er die Fähigkeit gewinnen, genau diese neue Perspektive zu sehen und zu fühlen.

In der Psychotherapie geht es also um denselben Prozess, den Bileam durchläuft. Er kommt mit seinen bisherigen Fähigkeiten an einen toten Punkt. Nichts geht mehr. Aber wenn er diesen Prozess vertrauensvoll durchlebt, gelangt er zu einer neuen Sicht der Dinge. Seine Augen öffnen sich.

Zusammenfassung

Durchlaufen wir unseren Entwicklungsprozess vertrauensvoll, sind wir nicht vor Hindernissen oder Problemen gefeit. Wir steuern unausweichlich auf eine kritische Situation zu, in der wir mit unserem bisherigen Wissen und Können nicht weiterkommen. Gehen wir aber durch diesen emotionalen Prozess, dann öffnen wir uns für das Neue, für eine andere Perspektive, erhalten unerwarteten Input und erreichen eine neue Ebene. Dabei werden wir geführt und getragen. Auch wenn wir in diesem Prozess noch nicht begreifen, was passiert, so werden wir in der Rückschau erkennen können, wozu dieser Prozess gut war. Haben wir das bereits öfter durchlebt, fällt es uns womöglich leichter, uns diesem Prozess zu überlassen, auch wenn wir dabei mit schwierigen Gefühlen konfrontiert werden. Wir kommen an die Grenzen dessen, was wir bisher gekannt haben, und **es offenbaren sich neue Sichtweisen und möglicherweise neue Fähigkeiten.**

7. Das Rückzugsangebot – die Offenbarung

Jetzt sind die Ohren und Augen offen, Bileam kann hören und sehen und erkennt die Situation. Nun versteht er, warum seine Eselin gestreikt hat, und ihm wird bewusst, dass er blind war und nicht erkennen konnte, was vor ihm stand.

Als der Seher die gewaltige Gestalt des Engels erkennt, erschrickt er und begreift, welch mächtiges Wesen ihm da den Weg blockiert. Daher hat er das Gefühl, etwas falsch gemacht zu haben.

Denn warum sollte ihm der Herr einen solchen Engel schicken, der ihn daran hindert, das zu tun, was er ihn geheißen hat? Für Bileam ist in diesem Moment klar, dass er hier nicht weiterkommt und wohl auch nicht weiterkommen soll.

Er interpretiert die Situation in seinem bisherigen Denken: Wenn der Herr einen Engel schickt, der sich ihm in den Weg stellt, dann wird er auf dem falschen Weg sein, dann muss er einen Fehler gemacht haben. Das ist seine erste Reaktion: **Er ist bereit, umzukehren.**

Es ist interessant, dass Bileam so reagiert. Er kommt nicht ins Grübeln und denkt nicht: Wieso und warum geschieht das hier gerade? Er hält sich auch nicht mit dem Widerspruch auf, dass er einen Auftrag bekommen hat und nun offenbar gezielt ausgebremst wird.

Er stellt dem Engel **keine Fragen** und fordert auch keine Erklärungen, sondern ist sofort bereit umzukehren, wenn es so sein soll. Hier erleben wir eine wichtige Haltung von Bileam: **Demut**.

Bileam achtet den Willen Gottes, egal welcher Art er ist und ob er für ihn im Widerspruch zu seinem bisherigen Auftrag steht. Ist das nicht überraschend? Ich war schon öfter in der Situation, dass ich dachte »Soll das nun wirklich doch nicht sein?«, wenn Pläne sich zerschlagen haben. »Wie viel habe ich bereits in dieses Projekt investiert, wie viele Hürden habe ich schon genommen, wie viel Energie hat mich das alles gekostet?« **Habe ich mich ganz mit einem Ziel identifiziert**, konnte ich mir nicht vorstellen, dass ich plötzlich ausgebremst werde. **Ich wollte nicht akzeptieren**, mein Vorhaben nicht realisieren zu können.

Diese Phase hat Bileam im Konflikt mit der Eselin auch durchgemacht. Wut und Ungeduld hat er bereits durchlebt. Nun, da er den Engel vor sich sieht, **gibt Bileam aber auf**. Es gehört also beides dazu: die Wut und das Hadern, aber schließlich auch **das Aufgeben**. Hier liegt eine weitere Schlüsselsituation. In meinem Leben habe ich das immer als Kapitulation erlebt. Intensiv und lange Zeit habe ich mich mit etwas auseinandergesetzt und schließlich ging gar nichts mehr. Das ist immer sehr frustrierend.

Zunächst kämpfe ich dagegen an, wie auch Bileam mit seiner Eselin hadert. Aber wenn aller Kampf nichts bringt und ich schließlich müde werde, kommt der Punkt, an dem ich mir sage: »Okay, wenn es doch nicht sein soll, dann gebe ich hier auf.«

Es geht **nicht um leichtfertiges und vorschnelles Aufgeben**. Es geht darum, an einen Punkt zu kommen, an dem nichts mehr geht. Erst wenn wir alles investiert haben, was wir kennen und können, und es dann doch nicht reicht, sind wir bereit aufzugeben.

Das ist keineswegs fahrlässig. Sonst hätte Bileam schon beim ersten Ausweichen der Eselin, spätestens beim zweiten aufgeben und anhalten können. Aber nein, Bileam drängt weiter **bis zur Zuspitzung der Situation**.

Ich erinnere mich an dieser Stelle daran, dass ich fünf Jahre meines Lebens in die Frage investiert habe, wie ich in der klassischen Homöopathie **das passende Mittel für meine Klienten finden kann**. In der Literatur gibt es eine klare, logisch scheinende Vorgehensweise: Man sammelt in der Anamnese die Symptome auf allen drei Ebenen – der körperlichen, der seelischen und der geistigen Ebene. (Unter Anamnese versteht man das Gespräch, in dem man die Krankengeschichte erhebt und alle Symptome auf den drei Ebenen sammelt.) Dann hierarchisiert man diese Symptome, die fünf wichtigsten gleicht man mit den homöopathischen Mitteln ab und wählt das aus, was ihnen am ehesten entspricht.

So die Theorie. Aber nach welchen Kriterien stellt man die Wichtigkeit von Symptomen fest? Dafür gibt es keine konkreten Anweisungen. Ich habe mir das Gehirn zermartert und wollte dieses Problem unbedingt lösen, denn sonst konnte ich nicht zielgerichtet das richtige Mittel finden.

Ich habe sogar in einer Gruppe erfahrener Homöopathen schwierige Fälle besprochen. Jeder hatte eine andere Reihenfolge für sich gefunden und somit hatte jeder eine andere Idee vom richtigen Mittel. So funktionierte es also nicht.

Dann kam ich nach fünf Jahren intensiver Arbeit, intensiven Studiums und intensiven Experimentierens zu dem Punkt, an dem ich nicht mehr konnte. Ich kam an genau den Punkt, den Bileam durchlebt.

Nun, ich habe keinen Engel gesehen. Ich habe nur begriffen, **dass ich das optimale Mittel mit der gängigen Methode nicht finden konnte**. Es ging nicht mehr weiter. Ich stand also auch in einer Enge, die versperrt war. Mit meinen bisherigen Ansätzen konnte ich diese entscheidende homöopathische Frage nicht lösen.

Schließlich habe ich aufgegeben. Wenn ich nicht erkennen darf, **wenn es nicht meine Aufgabe ist (obwohl ich davon ausgegangen war)**, einen Weg zu finden, wie wir zielgerichtet das richtige homöopathische Mittel finden, dann gebe ich mein Ansinnen auf.

Genau an diesem Punkt ist Bileam in der Situation, in der er die Augen öffnet, den Engel erkennt und begreift, dass es für ihn an dieser Stelle so nicht mehr weitergeht. Wichtig dabei ist das Wort »so«, denn das erkennt Bileam zunächst nicht. Er glaubt, er muss generell aufgeben und umkehren.

Erst als der Engel zu ihm spricht, begreift er, **dass es »so« nicht weitergeht**. Es gibt etwas, das Bileam erkennen und begreifen muss, bevor es weitergehen kann. Er bekommt vom Engel die Information, dass er genau das tun soll, was Gott ihm aufträgt. Diesen Passus hatte Bileam am Beginn seiner Reise nicht verstanden. Er dachte, er wüsste, was Gott ihm aufgetragen hat, denn er hatte zu Beginn in Klausur die Botschaft bekommen.

Hören wir nun, dass Bileam diese Worte nicht wirklich erfasst hat, können wir eher verstehen, dass Gott zornig wurde, als er Bileam losrennen sah. Er erkannte, dass Bileam seine Worte nicht hören würde, wenn er zu ihm sprach. Deshalb schickt er den Engel.

Ich will noch einmal zu meinem Beispiel aus der homöopathischen Praxis zurückkommen: Es ist mir genauso ergangen wie Bileam. Ich hatte den »Auftrag« zu erkennen, wie das richtige Mittel zu erfassen sei. Aber ich habe **diesen Auftrag in meinem Sinne interpretiert**: Ich wollte eine logisch nachvollziehbare Herangehensweise finden. Und daran bin ich gescheitert. Ich bin blind weitergerannt, denn ich war von meinem Ziel vollkommen überzeugt.

Öffnet Bileam die Augen und hört er den Engel, wird ihm klargemacht, dass er den Willen Gottes hören soll, da er ihn sonst nicht umsetzen kann. Es geht für ihn nicht nur darum, zu den Moabitern zu reisen, sondern auch dort auf den Willen Gottes zu achten.

So ist es mir mit meiner homöopathischen Frage auch ergangen. Ich habe wie Bileam aufgegeben, nachdem ich **mit meinen bisherigen Möglichkeiten gegen eine Wand gerannt war.** Schließlich habe ich hingenommen, dass ich keine Antwort bekommen sollte. So wie Bileam habe ich Demut gespürt und akzeptiert, dass ich eben nicht der bin, der das begreifen und klären soll.

Aber genauso wie Bileam habe ich es dann doch begriffen. Aber eben **nicht so**, wie ich es erwartet hatte. Die Phase der Kapitulation hat bei mir ein Vierteljahr gedauert. In dieser Zeit hatte ich meine Ambitionen aufgegeben, auf logischem Weg zum optimalen Mittel zu kommen. **Wenn es nicht sein soll, dann soll es nicht sein.** So wird sich auch Bileam gefühlt haben, als er dem Engel das Angebot gemacht hat, zurückzureisen.

Hier ordnet sich Bileam dem Willen Gottes unter: **Dein Wille geschehe!** Die Bibel nimmt an dieser Stelle bereits etwas vorweg, das später als Bitte Teil des Vaterunsers wird: die Erkenntnis, dass es nicht um meinen **Ego-Willen** geht, sondern um den **Willen der Schöpfung** und/oder der Seele. Das, was der Verstand nicht erfassen kann, ist eben bedeutsamer!

So wie Bileam aufgegeben hat, habe auch ich aufgegeben. Aber erst als es nicht mehr anders ging. Das ist der entscheidende Punkt. Erst wenn wir unseren Ego-Willen aufgeben und uns demütig dem Willen der Schöpfung ergeben, sind wir **bereit für die Offenbarung**.

Ein Vierteljahr nach meiner Kapitulation kam ein Patient zu mir, den ich zuvor noch nie gesehen hatte. Ich öffnete die Tür, und als ich ihn sah, schoss mir sofort die Idee von Lycopodium durch den Kopf. Lycopodium ist ein bekanntes und wichtiges homöopathisches Mittel. Ich sah den Patienten und hatte unmittelbar diese **Intuition**.

Dann haderte ich mit mir, denn ich sollte **unbefangen** die Anamnese aufnehmen und dann schauen, welches Mittel ich erkennen konnte. Es ging nicht an, dass ich einen Patienten das erste Mal zu Gesicht bekam und schon glaubte, das für ihn richtige Mittel zu kennen!

Aber als ich die homöopathische Anamnese mit dem Patienten durchführte, zeigte der Patient ein Lycopodium-Symptom nach dem andern. Ich fragte dann die Leitsymptome dieses Mittels ab und jedes Mal passte es. Ohne Zweifel hatte ich einen Lycopodium-Patienten vor mir! Ich verschrieb das Mittel und seine Symptome gingen zurück.

Ich hatte das Mittel »**gesehen**«, das wurde mir später klar. Seitdem nehme ich das Mittel auf einer ganz anderen Ebene wahr, als es allein mit der Logik möglich gewesen wäre. Allerdings ist nach einer Idee für das Mittel wichtig, es zu überprüfen. Und hier brauchen wir wieder Wissen, Erfahrung und den Verstand. Und manchmal können wir es dennoch erschließen, wenn wir genug symptomatische Hinweise bekommen.

Der Weg ist dabei sehr unterschiedlich. Ich sehe nicht immer sofort das Mittel, wenn der Patient vor der Tür steht. Manchmal sehe ich es, wenn er die Symptome schildert und ich an ein bestimmtes Mittel denken muss. Dann wieder fällt mir bei der Suche ein Mittel ins Auge. Bei der Suche nach dem Mittel schaue ich in dem sogenannten Repertorium nach. Das ist ein umfangreiches Verzeichnis, in dem alle Symptome und die dafür möglichen Mittel verzeichnet sind.

Es sind also verschiedene Wege, auf denen die Intuition kommen kann. Aber es geht eben um die Intuition, das Wahrnehmen, nicht um die Logik. Erst die Idee für das Mittel, dann die Prüfung, ob es tatsächlich passt.

Durchlaufen wir so einen Bileam-Prozess, dann kommt die Lösung oft **aus einer unerwarteten Richtung**. Mit unserem **bisherigen Denken und Können** sind wir nicht weitergekommen, also brauchen wir eine **neue Fähigkeit**.

Die aber können wir nicht erzwingen. Sie kommt vielmehr auf uns zu, wenn wir dafür bereit sind. Nachdem wir mit unserem Kampf nicht weitergekommen sind und aufgegeben haben, können sich neue Ebenen offenbaren. Und so ist es eine entscheidende Situation, als Bileam dem Engel sein Rückzugsangebot macht.

Wir sehen in der Geschichte von Bileam eine Beschreibung dieses Erkenntnisprozesses. Die Bibel bedient sich dabei einer Bildersprache, um unsere Seele für diese Wahrheit zu öffnen.

Es ist gleichgültig, um welches Thema es geht. Es muss nicht das Thema von Bileam sein, der als Seher zu den Moabitern geschickt wird und dabei eine neue Art des Sehens erlernen muss. Es muss kein wissenschaftliches Problem sein, wie ich es mit der klassischen Homöopathie hatte. Es können auch alltägliche Probleme sein, mit denen wir uns herumschlagen und für die wir keine Lösung finden.

Sind wir bereit, an diesem kritischen Punkt umzukehren, **wird sich uns eine neue Wahrheit offenbaren**. Auf diesem Weg gibt es keine Abkürzung. Als ich diese Zusammenhänge verstanden hatte, hielt ich mich für besonders schlau. Wenn ich ohnehin irgendwann aufgeben muss, konnte ich den Prozess doch einfach beschleunigen, indem ich frühzeitiger aufgebe und abwarte, was kommt. Damit würde ich mein Leid verkürzen und müsste nicht wie Bileam zuerst in die Krise geraten.

Das wäre allerdings so, als ob Bileam beim ersten Ausweichen der Eselin abgestiegen wäre und gedacht hätte: »Okay, das ist ein Zeichen, ich soll nicht weiter. Dann gebe ich jetzt auf und schaue mal, was auf mich zukommt.«

Vielleicht funktioniert das bei dem einen oder anderen auf diese Weise. Bei mir hat es nicht funktioniert. Ich musste immer erst mit der Wahrheit ringen, bevor ich aufgeben konnte. **Dieses Ringen mit der Wahrheit** gehört offensichtlich unabdingbar zum Prozess des Wachstums.

Vielleicht muss es nicht fünf Jahre dauern wie bei meinem Problem in der klassischen Homöopathie. Nicht jede Schwierigkeit hat diese Ausdehnung. Es kommt auf den Einzelnen an und auf das Problem, an dem er trägt. Und es kommt darauf an, wie lange wir der Überzeugung »Mein Wille geschehe« verhaftet sind. **Wann sind wir bereit zu sagen »Dein Wille geschehe«?**

Wenn wir uns diesen Knackpunkt der Entwicklung anschauen, können wir die Schritte erkennen, die nötig sind: Zielverfolgung, Hindernisse, die Erkenntnis, dass es nicht weitergeht, und schließlich das Loslassen des eigenen Willens (bei Bileam ist das der Moment, in dem er die Augen öffnet und den Engel sieht).

Und genau dieses Sehen des Engels ist der entscheidende Punkt. Wir müssen keinen Engel vor unserem inneren Auge wahrnehmen – obwohl das dem einen oder der anderen durchaus widerfahren könnte. Aber wir müssen das Gefühl haben, dass wir an einem Punkt sind, an dem wir nicht weiterkommen und bereit sind umzukehren.

Bileam ist ja der Seher, also eine Person, die auf einer bildhaften Ebene wahrnehmen kann, wenn er denn die Augen öffnet. Wir wissen, dass diese bildhafte Ebene eine Form der Sprache der Seele und der Schöpfung ist. Manchen zeigt sich der Wille der Schöpfung oder der Seele auf dieser Ebene.

Aber es reicht das Gefühl, das wir auch bei Bileam vermuten können. Dieses Gefühl: »Gut, ich habe alles versucht. Nun steht vor mir ein unüberwindbares Hindernis, also ist der Punkt gekommen, an dem ich meinen Willen aufgeben muss. Ich bin bereit umzukehren, wenn es so sein soll.«

Wir müssen also nicht wie Bileam einen Engel sehen. Aber seine Botschaft ist da und signalisiert uns deutlich »Stopp«. Dieses Stoppsignal nehmen wir in unserer individuellen Sprache der Seele wahr.

Ob es nun dieses Gefühl ist, eine Intuition oder gar ein bildhaftes Sehen – das spielt keine Rolle. **Die Schöpfung spricht in diesem Moment zu uns.** Und erst durch das Ringen mit der Wahrheit sind wir an den Punkt gekommen, dass wir uns öffnen und den neuen Impuls zulassen.

Darum geht es. **Wir gelangen an den Punkt der Demut.** Dabei öffnen wir uns für das Neue, das wir vorher nicht sehen, nicht spüren, nicht denken, nicht wahrnehmen konnten. Hier geht es um die Akzeptanz des »dein Wille geschehe«.

Dann kann sich sofort oder zeitversetzt eine Erkenntnis Bahn brechen und sich die neue Ebene der Wahrnehmung öffnen. Im gesamten Prozess steuern wir auf diesen Höhepunkt zu, in dem wir uns für die Botschaft der Schöpfung (den Engel Gottes) öffnen. Nun können wir erkennen und uns neu orientieren. Das Neue, die tiefere Ebene und der nächste Schritt offenbaren sich uns.

Zusammenfassung

Der entscheidende Punkt in unserer seelischen Entwicklung ist die Erkenntnis, dass wir mit unseren bisherigen Mitteln nicht weiterkommen. Wir begreifen, dass wir mit all unseren Mühen bislang gegen eine Wand gelaufen sind. Damit kommt die Bereitschaft aufzugeben, wir lassen unseren Ego-Willen los, gelangen in den Zustand der Demut und sind bereit umzukehren. An diesem Punkt öffnen wir uns für die Stimme der Schöpfung, die Stimme der Seele. Wir nehmen wahr, worum es eigentlich geht. Die neue Wahrheit offenbart sich, unsere Augen werden geöffnet und wir sehen. Nun begreifen wir, worum es geht und welchen Schritt wir als Nächstes machen müssen. Das wird ein Schritt sein, den wir so vorher noch nicht gegangen sind. Es geht um etwas Unerwartetes.

8. Das Hindernis verschwindet – Glaube und Zuversicht

Verfolgen wir die Geschichte weiter, ändert sich die Situation mit dem Hören und Sehen – was Bileam nun gerade lernt. Er macht sein Rückzugsangebot, weil er erkennt, dass etwas falsch läuft. Dann hört er die Botschaft des Engels und kann begreifen, was gemeint ist: Er soll in jedem Augenblick das sagen und tun, was ihm der Herr eingibt.

Dazu muss er aber zunächst hören und sehen können, und zwar in jeder Situation. Bileam hat damit nicht mehr die Zeit, immer wieder in Klausur zu gehen, sondern muss die Weisungen des Herrn unmittelbar empfangen, permanent auf sie ausgerichtet sein und damit rechnen, dass er sie bekommt.

Dieses neue Bewusstsein, kombiniert mit der Fähigkeit, in jeder Situation zu sehen und zu hören, ist der **Wendepunkt der Geschichte**. Erst jetzt kommt Bileam in die Lage, die Weisungen des Herrn zu hören und zu sehen und dann direkt umzusetzen. Das ist der entscheidende Schritt in seinem Entwicklungsprozess. Es beginnt etwas Neues. Bileam gelangt **auf ein neues Niveau**.

Es gibt viele Beispiele, wie wir in unserem Alltagsleben schwierige Wendepunkte erleben. So war ich vor langer Zeit als psychologischer Psychotherapeut an einem Institut einer Klinik tätig. Damals war ich verheiratet, wir hatten vier Kinder. Mein klares Ziel war, an diesem Institut eine unbefristete Vollzeitstelle zu bekommen. Mit dem Gehalt hätte ich meine Familie ernähren können.

So der Plan. Aber die Vorgesetzten wechselten und der vierte Chef in meiner Zeit dort verkündete uns, dass er an diesem Institut nur Psychoanalytiker beschäftigen wolle. Die Psychoanalyse ist eines unter mehreren therapeutischen Verfahren. Ich hatte die Ausbildung zum tiefenpsychologisch fundierten Psychotherapeuten gemacht. Die Ausbildung zum Psychoanalytiker war umfangreicher, kostspielig und nicht vor Ort zu absolvieren. Ich hätte dafür fünf Jahre lang jede Woche zweimal in eine hundert Kilometer entfernte Stadt fahren müssen.

Diese Umstände allein wären nicht das Problem gewesen. Wenn ich etwas will, bin ich bereit, dafür auch Schwierigkeiten in Kauf zu nehmen. Aber ich wollte nicht. Ich wollte kein Psychoanalytiker werden. Es gibt viele gute Psychoanalytiker und die Psychoanalyse ist eine wichtige Richtung in der Psychotherapie. Aber sie ist eben nicht meins. Ich hatte Gründe, diese Ausbildung nicht machen zu wollen.

Somit entstand **ein innerer Konflikt**. Da war der Plan, an diesem Institut eine langfristige Stellung zu bekommen. Bis dahin war ich wissenschaftlicher Mitarbeiter und hatte einen Zweijahresvertrag. Die einzige Chance, diesen Vertrag zu verlängern, bestand darin, die psychoanalytische

Ausbildung zu absolvieren. Also musste ich entweder meine Einstellung verraten und widerwillig diese Ausbildung machen. Oder ich musste gehen.

Mit diesem Konflikt kam ich nicht klar. Die Sehnsucht nach einer langfristig sicheren Anstellung kollidierte mit dem Zwang, eine unerwünschte Ausbildung auf mich zu nehmen, was für mich absolut unstimmig war.

Ein halbes Jahr lang sah ich **keinen Ausweg aus diesem Dilemma**, dabei ging es mir zunehmend schlechter. Wo hätte ich sonst eine Anstellung bekommen können? Ein Umzug hätte meine Familie aus ihrem sozialen Umfeld gerissen. Das wollte ich auch nicht.

Eine Fernbeziehung zu meiner Familie war für mich damals nicht denkbar. **Also waren alle Wege versperrt.** Es gab keine langfristige Anstellung im Institut ohne Verrat an mir selbst und keine Ausweichmöglichkeit mit einer anderen Arbeitsstelle. **Ich sah keine Lösung.**

Hier fand ich mich in der Bileam-Situation wieder: Es ging nicht mehr voran. Mit meinem bisherigen Wissen und meinen bisherigen Fähigkeiten kam ich nicht weiter. Die Situation schrie nach einer Lösung, nach einem Weg, den ich noch nicht kannte.

Dann kam eines Abends **meine Begegnung mit dem »Engel«.** Nein, ich habe keinen Engel gesehen. Damals ging es bei mir noch nicht um das spirituelle Sehen, das sollte erst später in meinem Leben eine Herausforderung werden. Aber an diesem Abend hatte ich eine Vision.

Ich war allein, alle anderen waren schon schlafen gegangen. Bei einem Glas Wein dachte ich über meine Situation nach und war recht verzweifelt. So ähnlich wie sich Bileam fühlt, als er seine Wut rauslässt und nicht weiß, warum er ausgebremst worden ist.

Ausgebremst fühlte ich mich auch, denn ich hatte meine Ausbildungen gemacht, mich immer tiefer mit dem Thema Psychotherapie beschäftigt und war willens, in diesem Beruf zu arbeiten. Ich fühlte mich auch dazu berufen, denn es entsprach und entspricht meinen Talenten.

Das ist **der Auftrag, den wir vom Herrn empfangen**. Wir kommen mit Talenten auf diese Welt, entwickeln sie weiter und werden dabei wachsen. Und wir stellen unsere Talente in den Dienst anderer, denen wir damit helfen können. So funktioniert die Schöpfung, auch wenn mir das damals noch nicht klar war.

Ich hatte die Gewissheit, dass die Psychotherapie meinem Talent entsprach. Ja, nicht nur das, ich entwickelte damals auch den Zugang zur klassischen Homöopathie. Etwas später sollte ich auch den Zugang zur spirituellen Welt entwickeln.

Ich war also sicher, auf dem richtigen Weg zu sein – so wie Bileam. Und ich wurde ausgebremst durch diesen Chef, der mir mit seiner Forderung klarmachte: Wenn ich mich nicht selbst verraten wollte, dann musste ich das Institut verlassen. Und das empfand ich als **existenzbedrohend**.

In dieser Zuspitzung meiner Krise war ich an jenem Abend mit meinen Gedanken allein und suchte wieder nach einer Lösung, die ich aber nicht finden konnte. Das war der Moment meiner Kapitulation. **Im Rahmen meines bisherigen Denkens hatte ich keine Lösung finden können.** Ich hatte ein halbes Jahr lang ohne Ergebnis gekämpft und gerungen. Nun streckte ich endlich die Waffen. **Damit gab ich die Kontrolle ab.**

Ich werde diesen Abend nicht vergessen. Denn als ich aufgab, kam diese Vision hoch: Ich sah mich in einer eigenen Praxis. Ein geradezu ketzerischer Gedanke, denn diese Idee hatte ich immer abgelehnt. Ich wollte ein sicheres Angestelltenverhältnis, denn ich hatte eine große Familie zu ernähren. Und nun kam an meinem Tiefpunkt ausgerechnet diese **Vision** hoch: eine eigene Praxis.

Da war zunächst der innere Widerstand. Aber nach diesem Kampf im letzten halben Jahr, der ergebnislos verlaufen war, war ich offensichtlich an dem Punkt, an dem Bileam bei der Begegnung mit dem Engel ist. **Ich öffnete die Augen und »sah« meine eigene Praxis vor mir.**

Mich erfasste diese Vision. **Sie berührte mich tief.** Es entstand ein klares inneres Bild von dieser Praxis. Ich sah genau, wie sie eingerichtet war. Mit diesem Gedanken, diesen inneren Bildern, lief ich im Zimmer hin und her.

Plötzlich spürte ich eine Menge Energie. Es fühlte sich stimmig an. Diese Vision gab mir Kraft und **es kam das Gefühl der Gewissheit und Klarheit in mir auf**.

Ich wusste nun, was ich wollte, auch wenn ich noch keine Ahnung hatte, wie ich das Ganze umsetzen konnte. Aber die Frage nach dem Wie stellte ich mir nicht. Stattdessen konkretisierte sich vor meinem inneren Auge immer mehr dieses Bild. **Ich visualisierte** meine Praxis, wobei mich tiefe Gefühle erfassten.

Erst viel später lernte ich, die Situation an diesem Abend einzuordnen. Im Sinne Bileams hatte ich die »Weisung des Herrn« empfangen und erfasste ihre Bedeutung. Wir können es auch anders nennen: Wenn uns der Begriff »Weisung des Herrn« nicht gefällt, nennen wir es Intuition, Vision oder Eingebung.

Wichtig ist dabei, dass wir vor unserem inneren Auge diese Möglichkeit sehen und spüren, wie wir darauf reagieren. Zuvor hatte ich die Idee der Selbstständigkeit immer abgelehnt, denn ich hatte **Angst vor der Unsicherheit**. Aber an diesem Abend erfassten mich ganz andere Gefühle. Ich konnte eine **Begeisterung** spüren, Faszination und Gewissheit.

In so einer Situation ist Bileam, als er den Engel sieht. Es ist seine Aufgabe, in den direkten Kontakt mit der spirituellen Welt, mit der Schöpfung, mit Gott und seinen Gesandten, den Engeln, zu gehen. Und ich kann mir vorstellen, dass er nach dem Aufgeben, nach seinem Rückzugsangebot und der Belehrung durch den Engel genauso in eine Begeisterung gekommen ist wie ich in meinem Beispiel.

Begeisterung ist ein Hinweis darauf, dass unsere Seele in Resonanz geht. Wir wissen inzwischen, dass sie auch in Gefühlen und inneren Bildern spricht. Wenn uns das Gefühl der Stimmigkeit erfasst, wenn wir in Begeisterung und Faszination geraten und uns das Interesse packt – dann sind wir auf dem richtigen Weg. Das sind **Emotionen, die uns Hindernisse und Schwierigkeiten überwinden lassen**.

Wo die Freude ist, da ist der Weg. Bileam erlebt diese Freude, als sein Auftrag bekräftigt wird, ihm aber auch die Fähigkeit gegeben wird, zu sehen. Nur so kann er seine Aufgabe erfüllen.

Um meine Geschichte zu Ende zu erzählen: Ein Dreivierteljahr nach diesem Abend bekam ich genau die Praxis, die ich in meiner Vision gesehen hatte. Ist sie mir in den Schoß gefallen? Nein, es galt Hindernisse zu überwinden. Zuerst waren mir andere Räume zur Miete angeboten worden, aber mein Gefühl lehnte sie klar ab. Also habe ich weitergesucht. Dann fand ich die Räumlichkeiten, die genau zu meiner Vorstellung passten. Das ist eine wichtige Sache auf unserem Weg. Unsere Seele spricht mit uns. Wenn sie **nein** meint, dann haben wir das Gefühl, dass etwas nicht passt, **nicht stimmig ist**. Es ist wichtig, auf diese innere Stimme zu hören, denn unsere Seele führt uns. Sie führt uns zu unserem Ziel. Wir müssen nur auf sie hören und die Gefühle beachten.

Aber das ist bei Bileam in diesem Moment noch nicht Thema. Wir sind noch an dem Punkt, an dem er seine Vision hat, als er erkennt, dass er sein Ziel weiterverfolgen darf, aber darauf achten muss, welche Botschaften er an diesem Ziel hören wird, die er weitergeben soll.

In meinem Beispiel habe ich vom Gefühl der Gewissheit gesprochen. Auch Bileam stellt die Hinweise des Engels nicht infrage. Er nimmt sie an und zweifelt nicht, zögert nicht. Bileam ist in **Zuversicht, Glauben und Vertrauen**.

Genau das ist der entscheidende Moment. Erst waren bei diesem Stopp Zweifel da, ob er seinen Weg weitergehen soll, deshalb macht er das Rückzugsangebot. Aber mit dem, was ihm der Engel sagt, verschwinden seine Zweifel. Bileam ist sich nun gewiss, dass er sein Ziel weiterverfolgen wird, und weiß, was er dort zu tun hat: Er wird auf Empfang sein und das umsetzen, was ihm eingegeben wird.

Wir können uns das so vorstellen, dass wir den Zugang zu unserer Intuition finden, sie ernst nehmen, ihre Impulse umsetzen, auch wenn unser Verstand vielleicht protestiert. An dieser Stelle folgen wir aber der **Intuition, der Eingebung**, und nicht unserem Verstand.

Ich möchte nochmals deutlich machen, dass ich den Verstand nicht ablehne. Er hat eine wichtige Funktion im

Leben. Ohne ihn könnten wir unseren Alltag nicht bewältigen. Er liefert uns Schlussfolgerungen, wo wir sie brauchen, und wir verstehen durch seinen Einsatz die Zusammenhänge. Aber es gibt Situationen, da ist der rückwärtsgewandte Blick des Verstandes nicht hilfreich und führt nicht zu Lösungen. So wie meine verstandesmäßige Suche nach einer Lösung auch nach einem halben Jahr nicht zu einem Erfolg geführt hat. Der Verstand kann »nur« zurückschauen, bekannte Informationen miteinander verknüpfen, Schlussfolgerungen ziehen und verstehen.

Aber er kann nicht in die Zukunft schauen und keine neuen Möglichkeiten erkennen. Unsere Gefühlswelt, unsere Fantasie, unsere Träume, die können das. Sie gehören zur Sprache der Seele. Oder wenn wir es anderes formulieren wollen: **der Sprache unseres Unbewussten.**

An einem kritischen Punkt – wie es Bileam bei der Begegnung mit dem Engel ist oder wie ich es in der Nacht war, als ich es aufgegeben hatte, mit meinen bisherigen Mitteln nach einer Lösung zu suchen – sind wir bereit, **die Augen für etwas zu öffnen, das wir bisher noch nicht für denkbar oder für möglich gehalten haben. Hier gehen wir über unsere bisherigen Grenzen hinaus. Und darin liegt die seelische Entwicklung.**

Schauen wir uns die Situation Bileams genauer an, erkennen wir, dass sich bei ihm **etwas verändert** hat. Die Eselin spricht nicht mehr mit ihm. Stattdessen hören wir, dass Bileam seinen Weg ungehindert fortsetzt. Die Eselin streikt nicht mehr, bleibt nicht mehr stehen, erzwingt keine Pause mehr und weicht auch nicht mehr aus.

Was ist passiert? Wenn wir das Verhalten der Eselin als Symptom begreifen, weil sie als unbewusster Teil von Bileam ein ungewöhnliches Verhalten bis hin zum Streik gezeigt hat – dann sehen wir jetzt, dass **das Symptom verschwunden ist**.

In meinem Beispiel waren die Symptome auch verschwunden. Vor dieser Vision war ich niedergeschlagen, habe gegrübelt, mein Antrieb war geschwächt. Betrachten wir diese Symptomkonstellation, könnten wir gar von einer depressiven Verstimmung reden. Seele und Körper haben gestreikt.

Ich hatte den »Engel« noch nicht gesehen und steckte im Leid. Aber nach meiner Vision waren diese Beschwerden verschwunden. So wie bei Bileam und seiner Eselin. Die Eselin hat wieder funktioniert, sie wurde nicht mehr ausgebremst durch das, was Bileam noch nicht sehen konnte oder wollte. So wie es bei mir auf der Suche nach meiner beruflichen Perspektive war. Zuvor hatte ich die Möglichkeit der Selbstständigkeit grundsätzlich ausgeschlossen. Dabei war sie die Lösung. **Meine Angst hatte diesen Blick bis dahin verstellt.**

Vielleicht können wir in unserem Leben selbst auch Beispiele finden, bei denen nicht nur unsere Stimmung im Keller war, weil wir nicht weitergekommen sind, sondern uns vielleicht sogar begleitende körperliche Beschwerden belastet haben. Das können Kopfschmerzen sein, eine Grippe, die uns ausknockt, oder Rückenschmerzen. Manchmal zwingen uns auch heftigere Beschwerden zu einem Stopp und lassen nach, wenn wir einen neuen Weg gefunden haben.

Ich will hier aber nicht behaupten, dass körperliche Beschwerden immer auf einen notwendigen Perspektivwechsel hinweisen. Aber manchmal ist es so. Und oft ist es auch nicht so, dass eine Erkrankung einfach geht, nur weil wir nun eine andere Perspektive gefunden haben. Denn manchmal lernen wir durch den Umgang mit einer Erkrankung und müssen sie akzeptieren.

Bei meiner Arbeit geht es vor allem um seelisches Geschehen. Gleichgültig ob ich mit Klienten psychotherapeutisch, klassisch-homöopathisch oder spirituell-schamanisch arbeite – es geht immer um den **Perspektivwechsel**. Es gibt keine Heilung ohne Veränderung. Und es geht dann darum, die Veränderung zu wagen. Das bedeutet dann, dass wir uns unangenehmen Gefühlen stellen müssen. Vielleicht ist es Angst wie damals bei mir. Vielleicht sind es Schuldgefühle aus früheren Erfahrungen heraus. Vielleicht ist es auch ein altes Verhaltens- und Denkmuster, das uns seit der Kindheit begleitet und gar nicht bewusst ist.

Es gibt viele Möglichkeiten, warum unser Lebensfluss gestört wird, so wie bei Bileam. Dabei geht es darum, etwas Neues in unserem Leben zuzulassen, das wir bisher nicht sehen konnten oder gar abgelehnt haben.

Ich erlebe es oft bei meinen Klienten, dass sie durchaus ahnen, durch welche Tür sie gehen könnten. Aber sie tun es nicht, weil Ängste oder andere Gefühle sie zurückhalten. Aber wenn wir lernen zu sehen, wo wir hinwollen, und die Augen öffnen, dann entwickelt sich oft unser **Ja zum nächsten Schritt**.

In der Psychotherapie werden wir als Klienten mit der Sicht des Therapeuten konfrontiert, der uns auf Hindernisse, Ängste oder Schuldgefühle aufmerksam macht. In der klassischen Homöopathie bekommen wir auf einer tiefen Ebene einen Impuls, der Veränderung einleiten kann. Folgen wir dann unseren Intuitionen, gelangen wir auf den Heilungsweg. Aber mit einer Verweigerungshaltung können wir auch jedes homöopathische Mittel ausbremsen. In der spirituellen und schamanischen Arbeit bekommen wir direktere Botschaften übermittelt, die uns die Augen öffnen, wenn wir uns berühren lassen.

Das Berührenlassen ist der entscheidende Punkt in der kritischen Situation, die wir bei Bileam sehen. Es war auch in meinem Beispiel der kritische Punkt. Ich habe mich von meiner Vision berühren und begeistern lassen. **Das Ringen um die Wahrheit im Vorfeld bereitet den Boden für die Bereitschaft, das Neue zu sehen und anzunehmen.** Deswegen ist es so essenziell, durch die gesamte Entwicklung zu gehen. Wir können sie nicht abkürzen und Phasen überspringen. Ich hatte bereits erwähnt, dass wir nicht einfach frühzeitig aufgeben können, um schneller voranzuschreiten.

Auch ich habe dieses halbe Jahr des inneren Kampfes gebraucht, um an den Punkt zu kommen, an dem ich bereit war, etwas zu akzeptieren, das ich vorher als unmöglich angesehen hatte. Vielleicht können wir zukünftig Parallelen auf den Wegen unseres Lebens entdecken und zuversichtlicher durch kommende Krisen gehen, wenn wir um diesen Prozess wissen.

Zusammenfassung

Durchlaufen wir einen Entwicklungsprozess und kommen an den Punkt, an dem nichts mehr geht, dann haben wir die Bereitschaft erreicht, etwas zu erkennen, das wir vorher nicht sehen wollten oder konnten. Oft halten uns Ängste oder Schuldgefühle gefangen und verschließen uns die Augen. Wenn wir uns dann aber öffnen und den nächsten Schritt sehen, ändert sich unsere Situation. Das Leid darf gehen, denn wir brauchen es nicht mehr, um mit der Wahrheit zu ringen. Wir sind durch diese Phase hindurchgegangen, öffnen die Augen für den nächsten Schritt, den wir nicht für möglich gehalten haben, und werden von Gewissheit erfasst, einer tragenden Stimmigkeit.

9. Die Veränderung – Integrieren

Bileam erkennt und lernt etwas. In der Zuspitzung seiner Krise öffnet er Ohren und Augen und sieht etwas, das ihn aufrüttelt. In seiner sich zuspitzenden Not ist er nun bereit, **etwas zuzulassen, das er vorher ausgeblendet hat**.

Die Eile, die Hindernisse, der Stopp – das alles hat ihn **mürbe gemacht**. Der Ausdruck dessen war seine **ohnmächtige Wut**, die er an der Eselin ausgelassen hat. Der gesamte Prozess, den Gott **mit seinem Auftrag**, seiner Weisung **in Gang gebracht** hat, ist für die Weiterentwicklung Bileams notwendig. Er war nicht in der Lage, seinen Auftrag von Anfang an zu erfüllen, denn dafür braucht er eine Fähigkeit, über die er eingangs noch nicht verfügte.

So ist auch der Zorn Gottes zu verstehen, der um diesen Mangel bei Bileam weiß. **Sein Zorn setzt diesen Lernprozess erst in Gang.** Dazu sendet er seinen Engel, der Bileam aufrütteln soll. Er soll den Weg für seine Veränderung bereiten. Der Engel arbeitet im Auftrag Gottes, er ist sein Werkzeug.

Bileam kommt an diesen kritischen Punkt und erfährt nun, worum es geht: Er soll genau das sagen und tun, was ihm in der entsprechenden Situation **eingegeben** wird. **Dazu muss er aber die Botschaften in jeder Lage empfangen können.** Dies ist das Ziel seines gesamten Entwicklungsprozesses.

Schließlich begreift Bileam. Er erfasst den wahren Inhalt seines Auftrages und ist dabei, die umfassende Fähigkeit des Hörens und Sehens zu erlernen. Er muss nicht mehr in Klausur gehen, sondern kann in jeder Situation auf störungsfreien Empfang geschaltet sein, damit er unmittelbar zu reagieren vermag. Sonst würde er leicht in einer bestimmten Situation im guten Glauben, den Auftrag des Herrn zu erfüllen, etwas Falsches sagen.

Wir haben gesehen, wie diese Erkenntnis zu einer Wandlung führt. Die Situation ändert sich, denn nun reist Bileam weiter, ohne dass die Eselin streikt. Der Seher kommt bei den Moabitern an und erfüllt seinen Auftrag, der den Erwartungen und Hoffnungen der Moabiter widerspricht.

Es ist interessant zu sehen, wie sich Bileam bei den Moabitern verhält. Erst geht er für die Weisungen des Herrn in Klausur, **aber nach und nach wird er zu dem Seher, der direkt sagen kann, was Gott durch ihn mitteilen will**.

Wir nennen das **Integration**. Haben wir eine neue Fähigkeit erworben, müssen wir sie auch anwenden. **Nur wenn wir sie wiederholt anwenden, wird sie allmählich ein Teil von uns** und immer wieder abrufbar sein. Wir müssen sie wiederholen und konsequent üben. Genau das tut Bileam.

Erinnern wir uns daran, wie wir Autofahren, Schwimmen oder Fahrradfahren gelernt haben? Das Wissen darum, wie es geht, hat nicht gereicht. Wir mussten es immer und immer wieder üben, bis es selbstverständlich wurde. Unser Kleinhirn, das für die Speicherung von Bewegungsabläufen zuständig ist, musste die entsprechenden Nervenverbindungen und Nervenbahnen aufbauen. Und das geht nur durch Wiederholungen. Schließlich werden dieses Abläufe so selbstverständlich, dass sie unbewusst ablaufen und zur Gewohnheit werden.

Oder stellen wir uns eine Schulsituation vor. Am Montag erfährt ein Schüler, dass am Freitag ein Vokabeltest ansteht. Der Schüler lernt am Montag die Vokabeln, bis er sie kann. In der Gewissheit, dass er gelernt hat, geht er am Freitag in den Test, kann aber nur noch die Hälfte der Vokabeln. Seit Montag hat er einiges vergessen, nur ein Teil ist in seinem Langzeitgedächtnis hängen geblieben. So besteht er den Test knapp mit einer Vier.

Eine Mitschülerin geht anders vor. Auch sie lernt am Montag die Vokabeln. Aber sie wiederholt sie täglich. Am Dienstag kann sie noch fast alle, nur zwei oder drei hat sie vergessen. Diese prägt sie sich genauer ein. Am Mittwoch fehlen ihr andere, die sie nochmals intensiv lernt. Am Donnerstag dann die Generalprobe, auch hier werden die kritischen Vokabeln wiederholt.

Am Freitag wird sie nur die vergessen haben, die sie von Donnerstag auf Freitag verloren hat, das wird für eine Zwei reichen. Haben sich alle Vokabeln in ihrem Langzeitgedächtnis verankert, bekommt sie sogar eine Eins.

Das macht den entscheidenden Unterschied: Wir müssen eine neue Fähigkeit nicht nur erlernen, sondern **durch viele Wiederholungen auch verankern**. Das können wir auf jeden Bereich anwenden. Es braucht Übung, bis die entsprechenden Verbindungen im Gehirn etabliert sind, denn wir wissen »Übung macht den Meister«.

Auch spirituelle Erfahrungen werden auf ein solides Fundament gestellt, wenn wir dranbleiben und immer wieder aufs Neue mit der spirituellen Welt Kontakt aufnehmen. Wir sehen das bei Bileam: Zu Beginn läuft es holprig. Er greift auf seine alte Gewohnheit zurück – in Klausur gehen. Aber nach und nach etabliert sich seine neue Fähigkeit, bis sie sich stabilisiert hat und zu seinem erworbenen Arsenal an Möglichkeiten geworden ist.

In der Psychotherapie sehen wir diesen Prozess täglich, denn die Klienten denken in ihrem bisherigen Repertoire. Welche prägenden Erfahrungen sie in ihrer Kindheit gemacht haben, bestimmt ihr altes, oft unbewusstes Verhaltensmuster, das sie im Erwachsenenalter schließlich in schwierige Situationen bringt.

Dieses alte Verhaltensmuster war früher notwendig, um im Umfeld der Kindheit psychisch zu überleben. War das Umfeld damals freundlich und fördernd, kann dieses Muster ein Leben lang hilfreich sein. Aber wir alle haben in unserer Kindheit wiederholt schwierige Situationen erlebt, die uns geprägt haben. Und diese Prägung ist im Erwachsenenalter manchmal gar nicht mehr hilfreich und nützlich, sondern kontraproduktiv. **Unser altes Muster führt zu Schwierigkeiten.**

Stoßen wir mit unserem bisherigen Muster an Grenzen, wissen wir nicht, was falsch läuft, denn in der Regel ist das Muster so tief verankert, **dass es uns unbewusst geworden ist**.

In einer Psychotherapie, in der spirituellen Arbeit, sogar in der klassisch-homöopathischen Arbeit bekommen wir neue Impulse. Wir erkennen nach und nach unsere kritischen Muster und suchen nach anderen Perspektiven. Dabei begegnen wir alten Ängsten oder Schuldgefühlen, die uns bisher daran gehindert haben, neue Wege auszutesten.

Wenn wir die Augen für diese Erkenntnisse öffnen und uns berühren und aufrütteln lassen, finden wir den Schlüssel zu neuen Wegen. Kommen wir dann in die Gefühle, die wir bei Bileam gesehen haben, wird uns der nächste ungewohnte Schritt deutlich vor Augen geführt. Wir spüren die Gewissheit und stellen uns dabei unseren negativen Gefühlen.

So weit, so gut. Aber nun kommt der wichtige Schritt, auch das in der Praxis umzusetzen, was wir erkannt haben. Und zwar immer und immer wieder. Wenn wir beispielsweise eine Angst oder ein deutliches Schuldgefühl erkannt haben, dann reicht es nicht, dass wir einmal von den dadurch festgelegten Pfaden abweichen.

Nein, wir müssen uns immer wieder in Situationen begeben, die genau das von uns fordern: uns der Angst oder unserem Schuldgefühl zu stellen. **Und das tun, was wir bisher nie gewagt haben.**

Erst wenn wir dies üben und wiederholen, wird sich das neue Muster, der neue Weg etablieren. Exakt das zeigt uns Bileam bei den Moabitern auf. Sein Vertrauen, seine Zuversicht werden größer. **Er gewinnt an Selbstsicherheit** und wagt es schließlich, nicht in Klausur zu gehen, sondern direkt das zu sagen, was ihm einkommt.

Ihm kommt es ein. Damit ist gemeint, dass er die Stimme Gottes hört. Bileam folgt seinem Gefühl und seinen Intuitionen. Das ist die Ebene, auf der sich uns die Schöpfung mitteilt. Wir wissen inzwischen, wie die Schöpfung und die Seele miteinander kommunizieren.

In die Klausur gehen, bedeutete für Bileam bis dahin Sicherheit. Dort konnte er so lange in der Stille versunken sein, bis er die Gewissheit hatte, erkannt zu haben, was die Schöpfung ihm zu sagen hatte.

Die neu gewonnene Gewissheit nun in den Alltag zu übertragen, sich in jeder Situation auf das verlassen zu können, was er sieht und hört, das ist der Entwicklungsschritt, den Bileam macht. Die Situation bei den Moabitern gibt ihm die Chance, direkt zu üben und anzuwenden, was er gelernt hat.

Wir sehen also, wie wichtig diese Reise für Bileam ist. Es geht nicht nur um die Moabiter und die Israeliten. Nein, es geht um den Seher Bileam selbst, **der seinen Auftrag erst dann ganz erfüllen kann, wenn er sich wandelt**, wenn er einen Schritt weitergeht.

Das ist ein spannender Aspekt, denn nur wenn Bileam seinen persönlichen Schritt geht, kann er dem großen Ganzen dienen. Das ist wichtig zu begreifen, denn in unserer Gesellschaft sind wir schnell bereit, den Fokus auf uns selbst als Egoismus abzutun. Egoismus ist in der landläufigen Sichtweise »schlecht«. Kümmern wir uns um uns selbst, erscheint das leicht egoistisch.

Bileam geht hier einen Weg, **bei dem es um ihn geht**. Zunächst nur um ihn. Erst wenn er seine Ziele erreicht, die ihm zu Beginn noch nicht klar sind, kann er für andere da sein und im Sinne der Schöpfung handeln.

Als ich mich mit der Psychotherapie auseinandergesetzt habe, habe ich »egoistische« Ziele verfolgt. Ich wollte begreifen, was Psychotherapie ist, und war nicht etwa beseelt von dem edlen Ziel, anderen zu helfen. Nein, darüber hatte ich mir gar keine Gedanken gemacht. Auch ging es mir nicht darum, damit Geld zu verdienen. Ich wollte wissen, begreifen und mein Wissen anwenden können. An diesen Erkenntnissen war ich interessiert. Je tiefgehender ich dann die Zusammenhänge begriffen habe, desto mehr habe ich mir die Fähigkeit angeeignet, anderen auf dieser Ebene zu helfen.

Genauso war es bei dem bereits erwähnten Thema der klassischen Homöopathie. Es war nicht mein Ziel, damit anderen zu helfen oder sie gar zu heilen. Auch hier habe ich mir über das Helfen oder Geldverdienen gar keine Gedanken gemacht. Ich hatte ein Buch über die klassische Homöopathie in die Hand bekommen und das, was ich da gelesen habe, faszinierte mich: Diese Ansätze könnten unser medizinisches Denken auf den Kopf stellen. Mein Wissensdrang hat mich geführt, die Begeisterung und die Faszination. Aber nicht der Wunsch zu helfen.

Eines Tages kam eine Freundin meiner damaligen Frau auf mich zu. Sie hatte erfahren, dass ich mich intensiv mit der klassischen Homöopathie auseinandersetzte, und bat mich, ihrem Sohn zu helfen. Das habe ich abgelehnt. Nein, es war zu diesem Zeitpunkt weder mein Ziel, anderen zu helfen, noch hätte ich mir das zugetraut. Ich wollte einfach nur für mich etwas in seiner ganzen Bandbreite lernen und verstehen.

Damals habe ich lediglich meine Familie homöopathisch behandelt und dabei wichtige Erfahrungen gesammelt. Aber diese Freundin blieb hartnäckig und hat mich nicht in Ruhe gelassen, bis ich zugestimmt habe, wenigstens die homöopathische Anamnese zu machen und zu sehen, ob ich etwas fand. Schließlich konnte ich dem Sohn dieser Freundin tatsächlich helfen.

Mit dem Erlernen einer Fähigkeit kommen wir auch in die Lage, anderen damit helfen und dienen zu können. **Ich**

hatte ein Ziel erreicht, das ich zunächst gar nicht angestrebt hatte. Aber es bewahrheitet sich immer, dass wir mit unseren Talenten und Fähigkeiten nicht nur für uns selbst da sind, **sondern auch anderen dienen können.**

Genauso ging und geht es mir mit meinem spirituellen und schamanischen Interesse. Auch hier kam der Impuls durch ein Buch, das mich für eine neue Sicht der Dinge geöffnet hat. Ich habe dann weiter gelernt und Ausbildungen in dem Bereich gemacht. Aber niemals mit dem Ziel, damit anderen zu helfen oder es professionell zu betreiben. Nein, auch hier ging es zunächst um mich. Ich wollte wissen und erkennen. Und heute arbeite ich für andere auf dieser Ebene.

Wenn wir das mit Bileam vergleichen, dann sehen wir unseren Auftrag als Anstoß einer Entwicklung, die uns verändert und wachsen lässt. Wir gehen dabei durchaus durch Krisen, aber dann kommt der Punkt, an dem sich alles wandelt: Wir sehen und gewinnen Fähigkeiten, die vorher undenkbar waren.

Wenn wir einen Beruf wählen, dann wegen unserer Neigungen und Interessen. Gehen wir von dieser Motivation aus, können wir uns weiterentwickeln und schließlich der ganzen Gesellschaft dienen. Egal an welchem Punkt wir in der Gesellschaft stehen, wir werden dort mit unseren Talenten gebraucht.

Jeder hat seine individuellen Talente. **Es geht nicht um den Vergleich oder eine Bewertung.** Es geht darum, dass alles an seinem Platz gebraucht wird.

Den Begriff des Egoismus dürfen wir deshalb auch kritisch hinterfragen. Egoismus ist nicht per se böse, sondern er wird gebraucht. Nur wenn wir an uns denken, finden wir unsere Aufgabe im großen Ganzen. Wir haben diesen Begriff aber negativ bewertet und es gibt in der Tat eine negative Ausprägung. Diese würde ich aber eher Selbstsucht nennen – wenn wir unsere Interessen zum Schaden von anderen durchsetzen. Der »gesunde Egoismus« hingegen führt uns weiter und lässt uns schließlich mit unseren Interessen und Talenten für andere da sein.

Es reicht allerdings nicht, dass wir unseren eigenen Interessen folgen. Es geht auch darum, unsere neu erworbenen Fähigkeiten, Einsichten, Erkenntnisse umzusetzen und anzuwenden. Wir dürfen uns die Zeit nehmen, sie zu verinnerlichen, damit sie für uns selbstverständlich werden.

Bileam geht seinen eigenen Weg. **Er nimmt dabei keine Rücksicht auf die Erwartungen der Moabiter.** Er verkündet unbeirrt das, was ihm die Eingebung mitteilt, folgt seiner neuen Fähigkeit und ist damit das Sprachrohr der Schöpfung. Er fragt auch nicht nach Lohn und Anerkennung, sondern ist souverän und eigenverantwortlich. **Er ist authentisch.**

Aber er übt auch. Er wiederholt und vertieft sich in seine neu gewonnene Fähigkeit. Bei der nächsten Gelegenheit wird es ihm schon besser gelingen, unmittelbar zu sehen, was zu tun oder zu sagen ist. Er benötigt dann immer weniger den Umweg über die Klausur.

Der Seher Bileam wird zum Seher 2.0. Auf eine bestimmte Art war er schon zuvor Seher, so wurde er nicht umsonst genannt. Aber er darf durch den Impuls, zu den Moabitern zu reisen, einen weiteren Schritt in seiner Entwicklung tun.

Dabei durchläuft er exakt die Schritte, die es braucht, um an den kritischen Punkt der Wandlung zu kommen. Es ist sehr hilfreich, wenn wir diese Erkenntnisse auf unser Leben übertragen. Wir können uns einmal fragen, **wie es uns in bestimmten Bereichen ergangen ist, als eine Veränderung anstand.**

Oft scheitern wir an diesem letzten Punkt der Integration. Vielleicht haben wir schon erkannt, was wir tun sollten, tun müssten, tun könnten. Wir wissen »eigentlich«, was ansteht. Aber tun wir es auch? Ja, einmal, vielleicht auch mehrmals.

Wer kennt nicht **die Vorsätze**, die wir uns jedes Jahr an Silvester machen? Wie lange halten die meisten das durch? Wer macht sich schon klar, dass zur Umstellung auf eine neue Gewohnheit Disziplin und Hartnäckigkeit gehören? Wer lässt sich nicht allzu leicht wieder von alten Gewohnheiten einholen und zurückwerfen?

An diesem Punkt erkennen wir erneut die **Bedeutung der Betroffenheit**. Es reicht nicht, dass wir etwas erkannt oder verstanden haben, denn gravierende Entscheidungen werden nicht nachhaltig vom Verstand getroffen, sondern auf der emotionalen Ebene.

In der Regel werden aber alle guten Vorsätze zum neuen Jahr halbherzig getroffen. **Halbherzig** ist in diesem Zusammenhang ein überaus treffender Ausdruck, denn er zeigt, dass der emotionale Bezug zu schwach ist, um nachhaltige Entscheidungen zu treffen.

Nur wenn wir durch den kritischen Punkt der Betroffenheit gegangen sind, sind wir emotional berührt. Und nur dann haben wir auch die Kraft zur Disziplin und Nachhaltigkeit, also die Kraft zur Integration.

Integrieren wir eine neue Fähigkeit, indem wir sie immer wieder anwenden, kann sie wachsen und tatsächlich Teil unseres Lebens werden. Jede Erkenntnis will integriert werden, sonst verschwindet sie wieder. Sie wird aber in der Praxis nur integriert, wenn wir zuvor durch sie betroffen und berührt worden sind und sie im Vertrauen wiederholen und üben.

Zusammenfassung

Nach dem kritischen Höhepunkt geht es darum, das neu Erkannte und frisch Gelernte anzuwenden. Es reicht nicht, es nur begriffen zu haben. Erst durch die emotionale Beteiligung, durch die Betroffenheit, sind wir in der Lage, unser Neuland auch wirklich zu betreten und uns von alten Mustern zu lösen. Das Neue im Leben anzuwenden ist der erste Schritt zur Integration. Soll es aber tatsächlich Teil von uns werden, reicht es nicht aus, es einmal umzusetzen. Wir müssen es üben und immer wieder praktizieren. Bei jeder Gelegenheit. In dieser Zeit brauchen wir Disziplin und Hartnäckigkeit. Dazu sind wir nur bereit, wenn uns die emotionale Energie der Betroffenheit wirklich erfasst hat. Dadurch bekommen wir die Motivation, so lange dranzubleiben, bis die neue Fähigkeit zu einem Teil von uns geworden ist. Dann erst haben wir sie in unser Leben integriert und eine echte Veränderung geschaffen.

Bei diesem Prozess gehen wir einen »gesunden egoistischen« Weg. Wir folgen unserer inneren Stimme, verfolgen unsere Entwicklung und lernen, was für uns wichtig ist. Erst später merken wir, dass wir mit dieser neuen Fähigkeit auch dem großen Ganzen dienen und nicht nur für uns allein gelernt haben. Im Unterschied zur Selbstsucht, die anderen um des eigenen Vorteils willen schaden will, trägt uns der gesunde Egoismus nach vorne und lässt uns schließlich anderen helfen und so der Schöpfung dienen.

10. Die Vertiefung – eine neue Identität

Es ist wichtig zu verstehen, dass mit der Überwindung der Krise nicht alles geschafft ist, denn es geht nicht nur um die Integration neuer Fähigkeiten. Mit der Überwindung der Krise erleben wir den **Start in ein neues Gebiet** und stehen am Anfang. **Es ist der Beginn.**

Haben wir eine Ausbildung abgeschlossen, sind wir längst nicht fertig, sondern sammeln praktische Erfahrungen und entwickeln unsere neuen Fähigkeiten immer weiter. Es geht also um mehr als die Integration des Neuen nach dem kritischen Punkt. Die Entwicklung auf einem höheren Level wartet auf uns.

Schauen wir uns das in der Geschichte Bileams an, können wir diese Weiterführung des Prozesses verfolgen. Zunächst kann Bileam segnen und fluchen, dafür ist er bekannt. Dann kann er die Eselin hören und später den Engel sehen. Da öffnen sich seine Augen und Ohren. Aber damit ist der Prozess längst nicht abgeschlossen.

Lesen wir die Erzählung weiter, nimmt die Entwicklung ihren Lauf, als Bileam bei Balak ankommt. Er begreift in der kritischen Situation, dass er den Kontakt zu Gott halten muss, wenn er in seinem Sinne reden und handeln will. Es reicht nicht, wie zu Beginn einfach loszurennen und blind einem Auftrag zu folgen, sondern er muss permanent auf Empfang bleiben, um die nächsten Schritte zu erfahren.

Er sagt zu Balak klar: »Ob ich aber wirklich etwas sagen kann, weiß ich nicht. Ich werde nur das sagen, was Gott mir befiehlt« (4. Buch Mose, Kapitel 22, Vers 39). Diesmal geht Balak nicht in Klausur, sondern lässt ein Ritual durchführen. Die Geschichte schildert das Ritual von Tieropfern, durch das Bileam zunächst den Kontakt zu Gott sucht, um dann mit ihm sprechen zu können (4. Buch Mose, Kapitel 23, Verse 1 ff). Da Balak nicht akzeptieren will, dass Bileam die Israeliten segnet, wird das Opferritual insgesamt drei Mal an verschiedenen eigens errichteten Altären durchgeführt.

Aber die Antwort ist immer die gleiche. Bileam hat den Auftrag, die Israeliten zu segnen und ganz bestimmte Dinge zu sagen. Mit jeder Wiederholung wird diese Segnung erneut bekräftigt. Genau darum soll es wohl gehen. Es ist wichtig, dass Balak den Segen nicht sofort akzeptiert, denn nur so kommt es zu den Wiederholungen.

Bei diesen Wiederholungen **übt Bileam seine Art der Weissagung**. Das Ritual besteht darin, mit Gott in Kontakt zu kommen, Anweisungen zu erhalten und diese Anweisungen umzusetzen. Das ist in der Entwicklung Bileams ein Fortschritt, denn nun hört er genau das, was er sagen soll.

In dieser Situation braucht Bileam noch Rituale, um die Anweisungen Gottes zu bekommen. Sobald er verstanden hat, dass er auf klare Anweisungen reagieren soll, nachdem er für seine Aufgabe die Fähigkeit entwickelt hat, zu sehen und zu hören, kann er mit dem Ritual den direkten Kontakt herstellen. Darin wird er sicherer und klarer.

Hat er diese Übungen, diese Integration, vertieft, erfolgt ein weiterer Sprung in seiner Entwicklung, denn nun kommt er mit dem Geist Gottes in Kontakt. Jetzt öffnen sich nicht nur seine Augen und Ohren, sondern er kann **über seinen Geist direkt** die Worte Gottes empfangen und weitergeben.

Nun erst wird Bileam zum wirklichen Seher, der sich nicht nur im Ritual die Anweisungen Gottes abholen, sondern auch prophezeien kann. Er verfügt über die Fähigkeit, in die Zukunft zu schauen und diese Botschaften weiterzugeben.

Balak bittet nicht um diese weiteren Informationen, sondern Bileam erhält von Gott direkt den Auftrag, diese Wahrheiten zu verkündigen. **Er hat die Phasen der Entwicklung durchlaufen und ist immer tiefer in seine neue Kompetenz eingetaucht.**

Bileam muss dazu keine großartigen Taten vollbringen, **er muss nichts leisten** und nichts erzwingen. **Sobald er für den nächsten Schritt bereit ist, wird ihm diese neue Fähigkeit geschenkt.**

Gott öffnet der Eselin den Mund und Bileam hört. Gott öffnet Bileam die Augen und er sieht den Engel. Gott lässt ihn die Rituale zelebrieren und kann dann zu Bileam sprechen, der seine Anweisungen empfangen kann. Und schließlich kommt der Punkt, an dem Bileam nicht, wie er es zuvor gewohnt war, nach »Wahrsagezeichen« (4. Buch Mose, Kapitel 24, Vers 1) Ausschau hält, sondern **er wendet sein Gesicht zur Wüste hin** – also in die Leere. **So öffnet er sich, spontan, intuitiv**, ohne weiter drüber nachzudenken oder sich an etwas festzuhalten. Und in diesem Augenblick **»kam der Geist Gottes über ihn«** (4. Buch Mose, Kapitel 24, Vers 2) und er beginnt mit seinem Orakelspruch. Nun also spricht Gott direkt durch Bileam.

Es gibt nun keine Zwischenschritte mehr, keine Klausur, in die Bileam geht, kein Ritual mehr, dessen er bedarf, keine Anweisung, was er sagen soll, sondern er ist ganz vom Geist Gottes erfüllt und kann unmittelbar das weitergeben, was der Wille Gottes ist.

Wir sehen also, wie Bileam immer tiefer in die Fähigkeit des Sehers geführt wird. Von der Aufforderung, zu Balak zu reisen, bis zu seinen Wahrsagungen und Prophezeiungen durchläuft er eine spirituelle Entwicklung, die ihn schließlich zum Propheten macht.

Er bekommt diese Fähigkeiten direkt von Gott, der Schöpfung, **aber er muss erst zu dem werden**, der sie wirklich umsetzen kann, sie müssen ihm zur Identität werden. Dazu muss er die einzelnen Phasen seiner Entwicklung durchlaufen.

Sind wir auf unserem **spirituellen** Entwicklungsweg, durchlaufen wir diese Phasen ebenso. Aber auch wenn wir auf unserem **seelischen** Entwicklungsweg sind, durchlaufen wir sie. Sind wir uns über ihre Abfolge klargeworden, indem wir die Entwicklung von Bileam verfolgt haben, können wir besser erkennen, an welchem Punkt wir gerade selbst stehen.

Es geht nicht nur um spirituelle Entwicklung, sondern um Entwicklung schlechthin. Wir werden immer mit einem Impuls, einer Aufgabe, einem Wunsch starten, uns auf den Weg machen und Schwierigkeiten durchzustehen haben. Denn nur wenn wir diese Schwierigkeiten angehen und bewältigen, **qualifizieren wir uns für die nächste Stufe**. Das ist eine wichtige Erkenntnis.

Haben wir das verstanden, können wir unseren Widerstand gegenüber Problemen, Hindernissen und Schwierigkeiten hinterfragen. Wir können uns leichter auf sie einlassen, weil wir wissen, dass sie notwendig sind, um unsere weiteren Schritte zu gehen. Diese Schritte finden nicht in unserem Verstand statt, sondern auf unserer emotionalen, unserer seelischen Ebene. Wir steuern auf eine Krise zu in dem Wissen, dass sich auf ihrem Höhepunkt etwas verändern darf. Wir werden die Augen für das Neue öffnen und eine andere Perspektive entwickeln.

Das geschieht auch bei den seelischen Prozessen im Rahmen einer **Psychotherapie**. Hier werden wir von einem Therapeuten begleitet, der uns auf unserem Erkenntnisweg unterstützt. Wir erhalten Hinweise, die uns seelisch berühren, sodass wir nach und nach die Augen öffnen können. Das geschieht ebenso in einer **schamanischen** und sogar in einer **klassisch-homöopathischen** Behandlung. Und es geschieht, wenn wir uns tiefer auf **eine Geschichte, einen Mythos, ein Gleichnis** einlassen, uns davon berühren lassen und in unserer Seele in Bewegung kommen.

Haben wir den kritischen Punkt überwunden, sehen wir die neuen Möglichkeiten und können sie nach und nach umsetzen und uns in der Praxis zu eigen machen. Wir werden sicherer und selbstbewusster mit dieser neuen Einstellung. Und dann werden weitere Erkenntnisse und Fähigkeiten kommen, **denn wir vertiefen unsere Entwicklung**.

Man kann das mit einer Schwangerschaft und einer Geburt vergleichen. Die Empfängnis ist der Input, der alles verändert. Wir steuern auf die kritische Situation der Geburt zu und gehen durch diesen Prozess. Dann kommt die Nachgeburt und danach geht es mit neuem Wachstum und neuem Leben weiter.

Erkennen wir diesen Prozess, schaffen wir Raum für Akzeptanz. Nehmen wir eine Geburt an, verläuft sie leichter und weniger schmerzhaft, als wenn wir uns dagegen wehren und im »**Ich will nicht**« verharren.

Die Geschichte Bileams erzählt uns in einer Bildersprache, was in unseren Entwicklungsprozessen geschieht. Es ist für uns nicht wichtig, dass hier von Gott und dem Seher gesprochen wird, auch das können wir als Bild nehmen. Aber **lassen wir uns davon berühren**, beginnt unsere Seele, diese Erkenntnisse anzunehmen und umzusetzen. Es wird uns leichter fallen, mit Problemen, Hindernissen und Schwierigkeiten, ja auch mit der Zuspitzung in einer Krise klarzukommen. Und wir öffnen uns vertrauensvoller für das Neue.

Wir können in das Vertrauen gehen, dass alles so läuft, wie es soll, damit wir den Schritt in eine andere Perspektive wagen. Wir werden gelehrt, dass wir in unseren Entwicklungsschritten **geführt und getragen** werden. Das geschieht ohne Anstrengung. **Wir dürfen das Neue empfangen**, denn so wie bei Bileam kommen dann neue Erkenntnisse und Fähigkeiten auf uns zu.

Ich habe das mit Beispielen aus meiner Entwicklung veranschaulicht. So können wir einen Blick auf unsere eigene Geschichte werfen und sehen, auf welche Weise wir bisher in unserem Leben Schritte gemacht haben. Kamen neue Dinge nicht oft »einfach« auf uns zu? Der neue Partner, die neue Stelle, Erkenntnisse, die sich plötzlich aufgetan haben oder die uns von außen durch ein Buch, einen Film oder ein Gespräch begegneten?

Und kamen sie oft nicht erst, nachdem wir aufgegeben hatten? Als wir unser Glas geleert haben, damit wir wieder etwas empfangen können? Denn in ein volles Glas passt nichts Neues hinein. Lassen wir Bileams Geschichte auf uns wirken, dann können wir in unserem Leben immer wieder die gleichen Schritte wahrnehmen. Und dabei entsteht das Vertrauen, das uns durch solche Phasen tragen kann.

Wir können uns auch fragen, welche Schritte in der näheren Zukunft für uns anstehen. Denn wir können durch die Geschichte von Bileam nicht nur auf unsere Vergangenheit schauen und unsere Entwicklung neu einordnen. Nein, wir können uns auch auf das Hier und Jetzt und die nahe Zukunft fokussieren und schauen, wo wir in diesem Prozess gerade stehen und vertrauensvoll und zuversichtlich voranschreiten, auch wenn wir Hindernisse oder gar eine Krise erleben.

Vielleicht geht es gerade darum, dass wir einen Job verloren haben und den neuen noch nicht gefunden haben. Oder wir haben den neuen Job, fühlen uns aber erst mal überfordert. Vielleicht haben wir gerade eine Trennung hinter uns und wissen nicht, wie es weitergehen soll. Bleiben wir allein oder finden wir einen neuen Partner? Oder lernen wir gerade jemand kennen und sind verunsichert, ob das passt?

Denn nun wissen wir, dass etwas Neues auf uns zukommen will und neue Fähigkeiten entdeckt und integriert werden wollen. Sind es berufliche Veränderungen, die anstehen? Geht es um eine alte oder neue Beziehung? Geht es um neue Fähigkeiten? Wir dürfen gespannt sein, was da auf uns zukommen will und uns im Leben weiterbringt.

Die Geschichte Bileams zeigt uns die Schritte in diesem Prozess und gibt uns die Zuversicht, dass wir durch diesen Prozess geführt werden, dass wir getragen werden und dass eine neue Ebene auf uns wartet.

Und sie zeigt uns noch etwas: Bileam hat nicht nur neue Fähigkeiten erlernt und vertieft. Nein, er ist zu einem neuen Bewusstsein seiner Identität gekommen, aus dem er lebt und sich mitteilt. Ein neues Selbstverständnis hat ihn erfasst. Wir sehen das im folgenden Abschnitt:

»Es spricht Bileam Ben-Beor, der Mann mit offenen Augen. Es spricht der, der Gottesworte hört, der Erkenntnisse vom Höchsten hat, eine Schau des Allmächtigen, hingesunken mit entschleiertem Blick.« (4. Buch Mose, Kapitel 24, Vers 15 und 16)

Und genau darum geht es schließlich. Wandlung und Wachstum. Die Geschichte Bileams lehrt uns den Weg auf eine neue Ebene, den wir selbst immer wieder gehen können.

Zusammenfassung

Haben wir den kritischen Punkt durchlaufen und unsere neuen Möglichkeiten erkannt, beginnen wir, diese Fähigkeiten zu integrieren. Aber damit ist der Prozess noch nicht abgeschlossen. Wiederholungen etablieren unsere neuen Fähigkeiten im Alltag und bieten zudem die Grundlage für weitere Schritte. Wir erweitern unsere neue Perspektive, entwickeln unsere gewonnenen Fähigkeiten und lernen immer mehr Neues hinzu. Vertiefen wir diese Möglichkeiten, wachsen wir in diesen neuen Level hinein und bauen ihn fortwährend aus. Wir schreiten in unserem Wachstum fort und werden Meister der neuen Fähigkeiten. Dabei entwickeln wir dann ein neues Selbstverständnis und ein neues Bewusstsein unserer Identität. Verstehen und nehmen wir diese Zusammenhänge an, können wir für unseren zukünftigen Weg das Vertrauen aufbauen, dass wir in unserem eigenen Entwicklungsprozess immer wieder mit Situationen konfrontiert werden, die uns weitertragen und uns immer tiefer in die neue Ebene hineinführen.

III. Seelische Entwicklung

1. Mythen, Geschichten, Analogie

Bileam ist eine Geschichte aus dem 4. Buch Mose. Warum sollten wir uns mit einer solch alten Geschichte befassen? Die kennt kaum noch jemand, denn wer hat die Bibel schon so intensiv studiert, dass ihm diese Geschichte aufgefallen und im Gedächtnis geblieben wäre? Um die Geschichte von Bileam noch besser begreifen zu können, müssen wir die Bedeutung von Geschichten erfassen.

Menschen lieben Geschichten. Kinder können stundenlang Geschichten lauschen und wollen sie immer wieder hören. Sie wissen instinktiv um **die Kraft des Erzählens**. Geschichten bringen einen Inhalt ins Bild. Ob wir nun ein Buch lesen, einen Film schauen oder den Erfahrungen anderer lauschen, immer geht es um Geschichten.

Geschichten haben etwas Lebendiges. Sie vermitteln eine **Botschaft**. Möglicherweise verstehen wir diese Botschaft nicht gleich. Oft sind auch verschiedene Botschaften in einer Geschichte enthalten. Wir neigen allerdings dazu, Geschichten verstehen zu wollen und einen Sinnzusammenhang herzustellen, wie wir auch in unseren eigenen Lebensumständen ein Narrativ entdecken wollen.

Aber Kinder analysieren nicht. Sie wollen auch nicht verstehen. Kinder wollen eine Geschichte hören, in ihrer

Fantasie nacherleben und **spüren und fühlen**, was diese Geschichte ihnen sagen will.

Bilder und Geschichten sprechen **die Sprache der Seele**. Das ist der Ausdruck, den unsere Seele versteht. Die Seele spricht nicht in Worten und nicht im Verstand, sie nimmt aber die Bilder einer solchen Geschichte auf und reagiert auf sie, auf die Emotion, die transportiert wird, auf Zeichen und Symbole. **Die Seele versteht auf einer tieferen Ebene als unser Verstand.**

Vielleicht hören wir die Geschichte von Bileam und meinen zunächst, dass sie uns nichts zu sagen hat, aber dennoch reagiert unsere Seele oder unser Unbewusstes, wenn wir es lieber so nennen wollen.

Lesen wir einen Roman oder sehen einen Film, dann wird uns eine Geschichte erzählt. Gute Romane haben eine Botschaft, die sie uns vermitteln wollen. Und sie kommt in so einer Geschichte eher bei uns an, als wenn sie nur als theoretisches Wissen vermittelt wird. Graue Theorie erreicht nur unseren Verstand. Werden wir ausschließlich rational angesprochen, reagieren wir nicht wirklich auf den Inhalt.

Wird aber **unser Herz berührt**, werden wir emotional von einer Geschichte erfasst, dann geschieht etwas in uns, ein Prozess wird angestoßen. Wiederholen wir das, wird die Botschaft immer intensiver von uns aufgenommen und verarbeitet. **Mit einer Geschichte können wir einen Entwicklungsprozess einleiten.**

Kinder wissen darum. Nicht rational, aber auf einer unbewussten Ebene wissen sie es. Sie wollen eine Geschichte immer wieder hören. Manchmal so oft, bis sie sie fast auswendig können. Kinder lernen durch Geschichten. Deswegen lesen wir ihnen Märchen vor oder schauen mit ihnen Bilderbücher an und erzählen etwas zu den Bildern. Das nehmen Kinder auf.

Aber nicht nur Kinder nehmen das auf. Als Erwachsene tun wir das genauso, haben aber die Bedeutung von Geschichten vergessen. Wir lesen keine Märchen mehr, sind im Alltag zu beschäftigt und wissen ihre Bedeutsamkeit kaum zu schätzen. Öffnen wir uns wieder für Geschichten, können wir unserer Seele damit aber helfen, zu wachsen und sich weiterzuentwickeln.

Damit meine ich nicht die vielen unterhaltsamen Storys, die uns Filme oder Serien nahebringen. (Wobei es auch dabei Ausnahmen gibt.) Aber es gibt Filme mit wichtigen Botschaften, die ihre Botschaft ins Bild, in die Handlung bringen. Solche Filme sind sehr wertvoll und hilfreich, denn es gelingt ihnen, uns auf einer tieferen Ebene zu berühren. Ich denke da beispielsweise an »Drei Haselnüsse für Aschenbrödel«, an »High Noon« oder an »Der mit dem Wolf tanzt«.

Die Menschheit erzählt sich seit jeher Geschichten. Ganz

alte Geschichten nennen wir Mythen, beispielsweise die griechische Mythologie. Oder wir haben unsere Sagen, wie die Nibelungensage. Besonders beschäftigt habe ich mich mit den Mythen der Lakota. Dies sind nordamerikanische Natives. Deren Mythen wurden von Generation zu Generation weitergeleitet und beinhalten tiefe Weisheiten und begründeten ihre Tradition. Besonders denke ich da an die Mythe »Die weiße Büffelkalbfrau«. Sie brachte den Lakota die heilige Pfeife, die noch heute ein bedeutsamer ritueller Gegenstand dieser Kultur ist.

In diesen Geschichten geht es immer um die Botschaften, die in ihnen enthalten sind. Im Alten Testament gibt es viele Geschichten, die uns Botschaften mitgeben wollen. Botschaften, die uns berühren können, wenn wir sie auf uns wirken lassen und sie nicht gleich rational einordnen und verstehen wollen.

Schon wenn wir diese Bilder und Geschichten hören und uns auf sie einlassen, kommen wir in Bewegung. Das Verständnis mag nach und nach dazukommen, aber es kann sich ruhig etwas Zeit lassen.

Auch im Neuen Testament gibt es viele Geschichten. Jesus selbst spricht in seinen Gleichnissen oft in Bildern. Auch das sind Geschichten – Bilder, die eine Botschaft für uns enthalten. Ein Bild sagt mehr als tausend Worte.

Aber nicht nur in der christlich-jüdischen Tradition werden

uns Geschichten erzählt. Alle Religionen vermitteln ihre Botschaft in Geschichten, denn das ist die Ebene, auf der wir uns berühren lassen können. Geschichten, Mythen, Sagen oder Märchen wollen unser Herz erreichen, nicht nur den Verstand.

In diesem Buch geht es um die Geschichte von Bileam. Wir können erkennen, was diese Geschichte uns sagen will, wie sie uns berührt, welche Botschaft sie für uns hat. Diese Erzählung haben wir unter dem Aspekt der **seelischen Entwicklung** betrachtet, denn darum geht es, wenn wir auf dieser Welt sind.

Wir sind hier, um uns weiterzuentwickeln, um **zu wachsen und heil zu werden**. Wir sind hier, um das zu leben und zu entfalten, was als Talent in uns schlummert. Aber nicht nur für uns selbst, nicht nur für unsere eigene Entwicklung, sondern auch für andere. Wir können anderen, einer bestimmten Gruppe oder sogar der Gesellschaft helfen, indem wir **unsere Talente und Fähigkeiten** für uns selbst, aber auch für andere **leben und entwickeln**.

Das sind unsere beiden zentralen Aufgaben, solange wir hier auf diesem Planeten zu Gast sind: Wir wachsen selbst und wir helfen anderen. Manchmal nur durch unsere Anwesenheit, manchmal durch ein Wort, manchmal durch unseren Beruf und unsere speziellen Fähigkeiten. Jeder hier wird gebraucht, **jeder ist Teil des großen Ganzen** und dient so der gesamten Schöpfung.

Egal ob Bileam wirklich gelebt hat oder ob es sich um einen Mythos handelt: Mit seiner Geschichte erhalten wir einen tieferen Einblick in seelisches Wachstum und die **Entwicklung neuer Fähigkeiten**.

Haben wir uns von dieser Geschichte berühren lassen, können wir ihre Botschaft **auf unser Leben übertragen**. Wir können erkennen, wo wir gerade in unserem Entwicklungsprozess stehen und was unsere aktuelle Situation uns sagen will. Bileam geht nicht nur durch seinen eigenen Entwicklungsprozess mit seinem Streben, seinen Krisen und seiner Offenbarung, sondern er zeigt uns durch seinen Weg auch, wo wir stehen und wie wir die Ereignisse sinnvoll einordnen können, mit denen wir konfrontiert sind. Das ist die Aufgabe solcher Geschichten.

Es gibt viele Geschichten. Und alle können uns etwas Wertvolles sagen, uns eine zentrale Botschaft vermitteln. In meiner täglichen Arbeit habe ich die Bedeutung von Geschichten, Mythen und Gleichnissen kennengelernt. Ich nutze sie immer wieder, um anderen Menschen eine Botschaft zu geben, die sie nicht nur mit dem Verstand aufnehmen, sondern auch mit ihrem Herzen erfassen können.

Sind die Klienten emotional von den Geschichten berührt – das durfte ich immer wieder erleben –, **kommt die Seele in Bewegung**, und mit ihr das Unbewusste, das unser Leben bestimmt, was zu den notwendigen Veränderungsschritten führt.

Es gibt kein Wachstum und keine Heilung ohne Veränderung. Nur wenn wir bereit sind zur Veränderung, wenn wir **bereit** sind **zu Entscheidungen**, können wir seelisch weiterwachsen und ein Stück weiter in Richtung Heilung gehen.

Aber wir sind noch lange nicht bereit, etwas zu verändern, nur weil wir es rational verstanden haben. Dann wissen wir zwar, was wir tun **sollten, müssten oder könnten**. **Aber wir tun es nicht**, denn wir haben viele Gründe, warum es in diesem Moment nicht geht. Sind wir allerdings emotional berührt, kommen wir in Bewegung. **Unsere emotionale Ebene muss mitschwingen, sonst tun wir nichts.**

Entscheidungen werden immer auf der emotionalen Ebene getroffen, nicht auf der Verstandesebene. Der Verstand findet dauernd Argumente für und gegen eine Entscheidung und ist somit nicht entscheidungsfähig.

Wird aber unsere emotionale Ebene berührt, sind wir betroffen, gehen wir mit etwas in Resonanz, dann kommen wir in Bewegung. Nicht umsonst ist das Wort Motion (Bewegung) ein Teil des Wortes Emotion. Emotion führt zu Motion.

Genau darum geht es in den Geschichten, Mythen und Gleichnissen: **Sie wollen uns berühren, betroffen machen und emotional erreichen.**

Die Natives haben das schon immer so gehalten, sie haben sich Geschichten erzählt. Die nordamerikanischen Natives haben als Ort dazu ihre Schwitzhütten genutzt. Dort erzählten sie sich unter Bedingungen, die die Seele öffnen können, Mythen. Mythen, die Botschaften enthalten, mit denen sie unsere Seele erreichen.

In unseren Kirchen geschieht es ähnlich. Dort werden Geschichten und Gleichnisse erzählt, die dann interpretiert werden. Auch hier geht es darum, uns zu berühren, tiefere Ebenen zu erreichen als unseren Verstand.

Es ist einzig die Frage, in welchem Zustand wir uns beim Geschichtenhören befinden. Wenn wir uns öffnen können, wie die Natives in ihrer Schwitzhütte, dann erreicht uns die Botschaft dieser Geschichten. Auch die vertrauten Rituale in unseren Gottesdiensten können uns helfen, uns zu öffnen. Etwa das Verbrennen von Weihrauch. Auch in der Schwitzhütte wird geräuchert, sie ist ebenso ein Ritual.

Wenn wir offenen Auges sind, erkennen wir zahlreiche Parallelen. Es kommt nicht auf die einzelne Religion an. Jede Religion hat ihre Geschichten, ihre Botschaften und auch ihre Rituale, um die Seele zu öffnen.

Vielleicht verstehen wir nun, welche Parallelen sich auftun und dass es Grundelemente gibt, die immer gleich sind. Sogar wenn wir unseren Kindern eine Gutenachtgeschichte erzählen, tun wir genau das. Wir erzählen eine Geschichte unter besonderen Bedingungen: Wir zelebrieren ein Ritual. Unser Kind zeigt uns, dass es ein Bedürfnis nach diesem Ritual hat, wie es in die entsprechende Stimmung kommt und aufmerksam der Handlung folgt.

Hören wir also in diesem Buch die Geschichte von Bileam und erkennen die Zusammenhänge, dann ist es hilfreich, nicht einfach nur schnell darüber hinwegzulesen, sondern uns Zeit zu nehmen, vielleicht eine Kerze anzuzünden, Ruhe und Atmosphäre herzustellen. Mit einem solchen Ritual öffnen wir uns umfassender für die Botschaft und nehmen sie auf einer tieferen Ebene wahr als nur durch unseren Verstand.

Der Verstand ist wichtig. Er hilft uns im Alltag enorm, ohne ihn geht es nicht. Aber der Verstand ist nicht alles. Wir wollen unsere Emotionen wahrnehmen und uns berühren lassen. Machen wir das in einer **vorbereiteten Atmosphäre**, öffnen wir unsere Seele für den Empfang.

Ich habe die Schwitzhütte und die Kirche erwähnt. Beide versuchen auf ihre Weise, die Seele zu öffnen und die Bereitschaft, sich berühren zu lassen, zu fördern. Das können wir auch zu Hause, wenn wir unser eigenes kleines Ritual entwickeln.

Im Anhang habe ich die Originalgeschichte Bileams mitgegeben. Wir können sie auch in unserer eigenen Bibel nachschlagen. Vielleicht sagt sie uns beim ersten Lesen noch nicht viel. Wir erkennen nicht, welchen Bezug wir dazu bekommen können oder welche Lehre sie uns mitgeben will, damit wir unseren eigenen Entwicklungsweg besser verstehen. Die Sprache und Lebensumstände des Sehers sind uns auch in modernen Übersetzungen nach 2000 Jahren nicht mehr so geläufig. Aber das ist nicht schlimm, denn dieses Buch hier will uns helfen, die Zusammenhänge zu erfassen und auf unser eigenes Leben zu übertragen.

Zuerst ist es einfach nur wichtig, die Geschichte zu lesen oder zu hören. Vielleicht wollen wir sie wie Kinder öfter hören oder lesen, denn wir wissen, dass es nicht nur um das einmalige Hören einer Geschichte geht, sondern auch um **die Wiederholung**.

Sprechen uns in der Geschichte einzelne Passagen besonders an, können wir diese gezielt wieder nachlesen und intensiver auf uns wirken lassen.

Bei Geschichten wie dieser gibt es noch einen wichtigen Aspekt: **die Analogie**. Wenn wir eine Geschichte in ihrer Bedeutung erfassen wollen, ist es wichtig, dass wir nicht nur logisch denken. Die Logik zieht ihre Rückschlüsse aus bekannten Informationen. Das ist die Aufgabe des Verstandes.

Somit schaut der Verstand in die Vergangenheit, also zurück: Was habe ich bisher erlebt und was habe ich daraus gelernt? Das ist sehr wichtig, denn lernen wir nicht in der Rückschau, werden wir die gleichen Fehler immerzu wiederholen.

Insofern ist unser Verstand ein machtvolles Werkzeug, ohne das es nicht geht. Aber er kann nicht vorausschauen. Er weiß nicht, was kommen und wie sich etwas entwickeln wird. Er macht vielleicht Pläne. Aber wir alle haben schon die Erfahrung gemacht, dass solche Pläne immer wieder an neue Bedingungen und Ereignisse angepasst werden müssen und wir oft nur »auf Sicht« fahren können. Diese Flexibilität, die beim Verfolgen von Zielen erforderlich ist, fasst das biblische Buch der Sprüche sehr schön in einem Vers zusammen: »Viele Dinge nimmt ein Mensch sich vor, doch zustande kommt der Ratschluss des Herrn.« (Sprüche 19.21)

Würde Bileam am Ende seiner Geschichte zurückschauen, könnte er begreifen, was ihm warum passiert ist. Aber er kann nicht vorher wissen, wie seine Reise enden wird. Verstehen wir seinen Weg in der Gesamtschau allerdings tiefer, können wir die Erkenntnisse auf unser Leben übertragen. Damit denken wir analog.

Wir begreifen dann, dass es Dinge gibt, die wir nicht sehen können, wie Bileam sie auch nicht gesehen hat. **Bilder und Geschichten regen uns zum analogen Denken an**, wenn wir uns in ihren Motiven wiedererkennen.

Gleichnisse bedienen sich dieser Ebene. Vielleicht erinnern wir uns an das Gleichnis vom Sämann aus dem

Evangelium, in dem nur das wachsen kann, was auf guten Boden fällt. Wir können dieses Gleichnis auf bestimmte eigene Lebenssituationen übertragen. Das Gleichnis will uns in bildhafter Sprache eine Information vermitteln, eine Lektion verständlich machen und bedient sich dabei der Analogie, die wir herstellen können, wenn wir uns davon berühren und inspirieren lassen.

Wir können also Geschichten, Mythen oder Gleichnisse in ihrem Kern auf unsere Lebenssituation übertragen und Analogien erkennen. Wenn wir so an sie herangehen, kommen wir dem Sinn näher, denn dann bedienen wir uns der Sprache der Seele.

Zusammenfassung

Unser Unbewusstes beziehungsweise unsere Seele werden mit einer bildhaften Sprache erreicht, die wir aus Geschichten, Mythen und Gleichnissen kennen. Hier werden wir auf der emotionalen Ebene berührt. Dabei geht es nicht darum, logisch verstehen zu wollen. Mithilfe der Analogie können wir die Botschaften der Geschichten aber auf unser Leben übertragen. Wenn wir uns von ihnen berühren lassen und ihre Bilder in uns aufnehmen, kommt unsere Seele und somit unser Unterbewusstsein in Bewegung. Und genau dort werden die Entscheidungen getroffen, die uns auf unserem Lebensweg weiterbringen.

2. Die Sprache der Seele

Wollen wir die Geschichte von Bileam oder andere Mythen, Geschichten und Gleichnisse verstehen, brauchen wir eine Idee davon, **wie die Seele kommuniziert**. Sie spricht die gleiche Sprache, die die Schöpfung verwendet. Zur Schöpfung können wir auch Gott sagen oder wie die Lakota: der Geist, der in allen Dingen ist (Wakan Tanka).

Es ist unerheblich, wie wir das nennen oder welcher Religion wir anhängen, jede Religion hat ihren eigenen Begriff für dieses Mysterium. Schlussendlich aber meinen sie alle das Gleiche. Hier geht es uns nicht um Religion, es geht uns um die Schöpfung und die Seele. Wir können sie auch Unterbewusstsein nennen.

Jeder Mensch ist eine Seele, die eingebettet ist in das große Ganze. Wenn wir zu beiden in Kontakt treten wollen, müssen wir lernen, in dieser Sprache zu kommunizieren, denn weder Seele noch Schöpfung teilen sich uns in Worten mit.

Ja, wir können auch mal eine Intuition haben, die wir in Worte fassen. Dennoch ist das ein Hinweis der Seele oder der Schöpfung, denn vor den Worten steht **die Intuition, die Eingebung**. Das ist einer der Wege, auf denen wir Botschaften aus dem Unbewussten oder der Seele erhalten – oder Botschaften der Schöpfung, des Geistes, der in allen Dingen ist, von Gott oder Allah.

Neben der Intuition oder Eingebung gibt es noch die **Ahnung**. Auch hier erhalten wir auf subtile Weise Botschaften. Möglicherweise sind das Botschaften einer anderen Seele. Das Wort Ahnung erinnert an die »Ahnen«. Diese Ahnen können durchaus mit uns Kontakt aufnehmen und uns das Gefühl einer Ahnung vermitteln, eine Botschaft, die uns helfen kann, etwas vorausschauend zu erkennen.

Außerdem gibt es nicht nur die Kommunikation zwischen Seele und Schöpfung, sondern auch die **Kommunikation zwischen den Seelen**. Sind wir mit jemandem eng verbunden, so kann es vorkommen, dass der eine genau weiß, was der andere sagen will. Hier fließen Botschaften auf dieser seelischen Ebene.

Das können wir nicht verstehen oder erklären, denn unser Verstand vermag darüber kein Urteil zu fällen. Es entzieht sich der Logik. **Der Verstand kann nicht in die Zukunft schauen**, aber Intuitionen, Eingebungen oder Ahnungen können dies sehr wohl.

Empfangen wir also Botschaften, die wir rational nicht einordnen können, sprechen oft Seelen miteinander oder die Schöpfung teilt sich uns mit. Wir haben die Fähigkeit, diese Botschaften wahrzunehmen, dafür braucht es **Aufmerksamkeit und Offenheit für diese Möglichkeit**.

Damit sind wir beim Thema **Glauben**: Können wir uns vorstellen, auf dieser Ebene zu senden und zu empfangen? Halten wir das für unmöglich, dann nehmen wir solche

Eingebungen auch nicht wahr oder tun sie kurzerhand ab. Wenn wir es aber für möglich halten, können wir diese Ereignisse einordnen und später erkennen, ob Ahnungen, Intuitionen und Eingebungen gepasst haben.

Lassen wir uns auf diese Ebene ein, kommt schnell unser kritischer Verstand und stellt alles infrage. Aber wir können prüfen, ob sich solche Botschaften bewahrheiten. Und wie oft sagt uns jemand, er lasse sich von seinem Bauchgefühl leiten? Auch dabei geht es um die Sprache der Seele und der Schöpfung: **Emotionen.**

Damit sind wir beim nächsten Baustein: dem Fühlen. Wir spüren oft, wie es weitergehen soll. Unser Verstand bringt dann gern alle möglichen Einwände vor. Auf wen hören wir dann? Ich kann es nicht oft genug betonen: Der Verstand kann nur zurückblicken und bekannte Fakten analysieren, aber er kann nicht vorrausschauen. Er schließt aus bisherigen Erfahrungen auf die Zukunft, die allerdings ganz anders verlaufen kann. Dazu ein Zitat von Ricarda Huch (Deutsche Dichterin, 1864–1947): »Wer rückwärts sieht, gibt sich verloren; wer lebt und leben will, muss vorwärts sehen.«

Beim Vorwärtssehen sind es die Gefühle, die uns leiten können. Voraussetzung dafür ist, dass wir **authentisch** sind und unsere Gefühle **wahrnehmen und zulassen**. Schieben wir sie beiseite, weil sie nicht in unser rationales Konzept passen, blockieren wir unsere Möglichkeiten, denn **die Seele hat das Wissen und will uns leiten.** Deswegen versucht sie, uns Botschaften zu senden, die wir wahr- und ernst nehmen müssen!

Manchmal bekommen wir Botschaften im **Traum**. Es gibt viele Arten von Träumen. Manche erscheinen sinnfrei und sind schnell vergessen, andere verarbeiten Erlebnisse. Auch die beschäftigen uns oft nicht lange. Es gibt aber **Träume, die uns nachhaltig beeindrucken**. Einige verängstigen uns gar, weil sie uns mit krassen Bildern konfrontieren. Träume, die uns im Gedächtnis bleiben, wollen uns etwas sagen.

Nun kommt wieder der Verstand und findet keine sinnvolle Interpretation. Aber es gibt Menschen, die können Träume deuten. Damit meine ich nicht die vielen Bücher, die uns allgemeine Regeln für die Traumdeutung geben wollen und in denen verschiedene Symbole immer wieder nach dem gleichen Schema eingeordnet werden. Meine Erfahrung zeigt, dass Träume individuell sind, also brauchen sie auch ein individuelles Verständnis.

Vielleicht erinnern wir uns an Passagen aus Mythologien oder aus der Bibel, in denen gesagt wird: Ein Engel oder der Herr erscheint im Traum und bringt eine Botschaft. Hier greifen auch die Mythologien, Geschichten und Gleichnisse auf diese Möglichkeit der Kommunikation zurück. Ebenso kann es nach einer schamanischen oder psychologischen Arbeit, ja sogar nach der Gabe eines homöopathischen Mittels vorkommen, dass ein Klient etwas träumt. Dieser Traum will ihm oft eine Botschaft geben.

Können wir die Bedeutung der Träume für uns annehmen, dann tauchen wir noch etwas tiefer in die Sprache der Seele und der Schöpfung ein, denn Träume liefern Bilder. Manchmal ist das eine Aneinanderreihung von Bildern wie in einem Film. Taucht also ein intensives Bild in uns auf, dann sollten wir darauf achten. Das muss nicht nur im Traum geschehen, es kann auch spontan im wachen Zustand passieren.

Alle Mythologien, Geschichten und Gleichnisse sprechen in dieser **Bildersprache**. In ihr sind Botschaften enthalten, die unsere Seele auf der visuellen Ebene viel leichter aufnehmen kann. Es ist also wichtig, Geschichten, aufkommende Bilder oder eben auch einen Traum **auf uns wirken zu lassen**. Ihre Botschaft wird unsere Seele erreichen. Wir müssen gar nicht zuerst verstehen und analysieren wollen, womit wir das Bild vielleicht zerstören. Lassen wir es wirken!

Im Schamanismus gibt es bestimmte Schamanen, die vor allem mit Bildern und Träumen arbeiten. Bei den Lakota nennt man sie Wayatan, unsere Vorfahren nannten sie Seher. Diese Medizinmänner und -frauen empfangen für andere Bilder und geben sie weiter. **Die Seele des Klienten reagiert auf diese Bilder.**

Die Schöpfung hat noch weitere Möglichkeiten, mit uns zu sprechen. Sie sind vor allem in der Naturspiritualität bekannt. **Zeichen und Symbole** kommen im Alltag auf uns zu. Können wir sie wahrnehmen und aufnehmen, dann hören wir die Schöpfung darin zu uns sprechen.

Ich selbst habe das intensiv erlebt, als ich einmal auf einer Visionssuche war. Jedes Mal, wenn ich zu einer wichtigen Erkenntnis gekommen war, haben ein oder mehrere Kolkraben über mir »krah, krah« gerufen. Für mich war das wie eine Bestätigung, dass ich in meiner Visionssuche auf dem richtigen Weg war. Wir erleben so etwas als Zeichen, wenn wir emotional davon berührt sind.

Je sensibler wir für diese Art der Kommunikation werden, desto häufiger können wir ihre Zeichen und Symbole um uns herum erkennen. Im Aberglauben werden indes Ereignisse als Zeichen interpretiert, die nichts mit unserem Innenleben zu tun haben. Beispielsweise die sprichwörtliche schwarze Katze, die irgendein Unglück ankündigen soll. Hier geht es aber nicht um tradierten Aberglauben und schablonenhafte Deutungen, sondern um **individuell** erkannte Zeichen und Symbole.

Wie und wann nun reden die Schöpfung, andere Seelen oder unsere eigene Seele mit uns? **Woran erkennen wir das?** Es geht in erster Linie um das Wahrnehmen, also um das Empfangen, denn die Seelen und die Schöpfung senden. So wie die Vögel zwitschern und wir sie hören oder ignorieren können, sendet die Schöpfung ihre Botschaften wie auch die Seele.

Aber die Seele oder die Schöpfung schreien nicht, sie sprechen leise und feinfühlig mit uns. Sind wir nicht still, können wir sie nicht hören, sondern überhören sie einfach. Die Botschaft kommt dann nicht bei uns an. Suchen wir

Zugang zu dieser Kommunikation, wäre der erste Schritt, **still zu werden** und zu lauschen. So muss auch der biblische Prophet Elia erfahren, dass Gott sich nicht laut in Sturm, Erdbeben oder Feuer zeigt, sondern in einem sanften Säuseln (1.Könige 19).

In unserem hektischen Alltag ist es nicht so leicht möglich, die leisen Signale wahrzunehmen. Sind wir aber für diese Botschaften sensibel geworden, dann können wir sie trotz Hintergrundgeräuschen empfangen.

Stehen wir erst am Anfang dieser Kommunikationsebene, ist es sinnvoll, **in »Klausur« zu gehen**, also einen stillen und ruhigen Ort aufzusuchen. Das kann das ruhige Zimmer sein, eine Kirche, eine Schwitzhütte oder die Natur. Wo auch immer wir diesen Zugang herstellen können, sollten wir erst einmal dort tiefere Erfahrungen sammeln. Wir können meditieren und auf innere Botschaften achten lernen, indem wir unsere Aufmerksamkeit auf unsere Gefühle, Intuitionen und inneren Bilder richten und sie vom Verstand abziehen, der uns unermüdlich irgendetwas vorplappert.

Ebenso können wir in eine **innere Zwiesprache** gehen, also in ein **Gebet**. Damit meine ich nicht, dass wir einen Text vor uns hinsprechen. Es gibt viele, die in der Kirche oder zu Hause »beten«, indem sie vorgefertigte Texte ohne innere Berührtheit vor sich hinsagen. Diese Vorgehensweise ist nicht unbedingt hilfreich, denn dabei sind wir vorwiegend im Verstand.

Sind wir aber beim Beten **emotional berührt**, können wir uns dieses Gebet **bildlich vorstellen**, dann sind wir schon auf einem guten Weg. Dann ist es wichtig, darauf zu achten, was wir auf der seelischen Ebene empfangen.

Üben wir das, lernen wir nach und nach, auf den verschiedenen Kanälen zu empfangen. Dann nehmen wir Bilder, Gefühle, Zeichen und Symbole wahr und können sie analog verstehen.

Vorhin hatte ich gesagt, dass die Seele und die Schöpfung zunächst leise mit uns sprechen. Sie wollen uns helfen, uns führen. Sie sind der Kompass, der uns leiten möchte. Nehmen wir sie aber nicht wahr, hören wir nicht auf sie, können sie **auch lauter werden**.

Dann werden die Zeichen oft deutlicher, sodass wir sie nicht mehr ignorieren können. Vielleicht geschieht etwas in unserem Leben, das uns ausbremst und zur Ruhe zwingt. Vielleicht haben wir einen Unfall, eine Trennung oder einen Verlust zu beklagen. Schon ist der Verstand in solchen Situationen wieder auf dem Plan und sucht nach Erklärungen, denn wir wollen unser Leid ja schnell wieder loswerden.

Aber was will uns das sagen? Das verstehen wir meist nicht sofort. Wenn wir das Leid erst überwunden haben und zurückschauen, können wir oft erkennen, warum wir genau diese Situation gebraucht haben. Wir haben uns durch sie verändern lassen, etwas in unserem Leben

gewandelt. Das hätten wir nie getan, wenn alles einfach so weitergegangen wäre.

Manchmal missachten wir diese Zeichen aber auch und laufen einfach weiter in unseren gewohnten Bahnen. Dann müssen die Seele und die Schöpfung lauter werden und die Situation verschlechtert sich womöglich. Daher ist es wichtig, frühzeitig innezuhalten und zu schauen, was gerade mit uns passiert.

Zu den Kanälen der Kommunikation kommen also auch konkrete Ereignisse in unserem Leben, die uns etwas zeigen wollen, also Zeichen sind. Oder es kommt manchmal sogar eine Krankheit, die uns zum Innehalten zwingt – **auf dass wir endlich zuhören und sehen**.

Um die Geschichte von Bileam zu begreifen, ihre Analogie zu erfassen und zu sehen, wie wir uns selbst in der Rolle Bileams wiederfinden, ist es von großer Bedeutung, die Sprache der Seele und der Schöpfung zu kennen.

Dabei geht es nicht nur um die Interpretation einer interessanten Geschichte, sondern um **die Botschaft dieser Geschichte**, die wir **auf unser Leben übertragen** können. Wann finden wir uns in einem solchen Bileam-Prozess wieder? Welche Zeichen können wir in unserem Leben erkennen, wenn wir auf dem Pfad Bileams gehen, ohne dass uns das bislang vielleicht bewusst war?

Was lehrt uns die Bileam-Geschichte? Wie können wir ihre Botschaft **in unserem Leben analog erkennen**? Auf welche Weise können wir die Bedeutung, die in ihren Bildern enthalten ist, auf unser Leben **übertragen**? Was also können wir für unser Leben daran erkennen und womöglich anders machen?

Die Voraussetzung ist, dass wir den Kontakt zu unserer Seele und zur Schöpfung herstellen können. Dazu müssen wir wissen, wie Seele und Schöpfung mit uns kommunizieren. Spannend wird die Frage der Kommunikation, wenn wir erkennen, dass sie keine Einbahnstraße sein muss.

Es geht nicht nur darum, dass wir **empfangen**. Das ist allein der erste Schritt. Haben wir uns auf die Sprache der Seele und der Schöpfung eingestellt, sind wir wie ein Radioempfänger. Wir nehmen wahr, wir hören, wir sehen. Das ist als Basis wichtig, unendlich wichtig.

Denn die Seele will uns in ihrem Wissen zum Wachstum anleiten, uns in unserer Entwicklung fördern und zur Heilung bringen. Sie möchte uns auf den Weg bringen, der Schöpfung mit unseren Talenten und Fähigkeiten zu dienen. Also ist es grundlegend, ihre Botschaften zu hören.

Lernen wir durch die Geschichte von Bileam, analog zu begreifen, können wir zum Empfänger werden und sehen und hören lernen. Wenn wir aber noch einen Schritt darüber hinausgehen, können wir auch **senden** lernen und sind dann in wirklicher Kommunikation.

Denn die Kommunikation der Seele ist keine Einbahnstraße. Mit unserem Gebet, so wie wir es oben erfahren haben, können wir auch unsere Botschaften an die Seele und die Schöpfung senden und werden Antworten bekommen.

Damit meine ich zweierlei: Beschäftigen wir uns mit einer Geschichte oder gibt uns ein Wayatan ein Bild, das er für uns empfangen hat, dann kommen diese Bilder bei unserer Seele an. Somit wird eine Botschaft an unsere Seele gesendet, wenn wir das gefühlsmäßig zulassen und uns öffnen. Und unsere Seele, unser Unbewusstes wird reagieren. Hegen wir einen Wunsch und stellen uns das bildhaft vor und belegen es mit intensiven Gefühlen, senden wir diesen Wunsch an die Schöpfung. Und sie wird reagieren.

Aber hören wir nicht oft, dass Menschen sagen: Ich habe gebetet, aber keine Antwort erhalten?

Vielleicht kam das Gebet nicht an, weil es nicht in der Sprache der Schöpfung verfasst wurde! Wir erinnern uns daran, dass es nicht reicht, mit Worten zu beten, denn diese sind nicht in der Sprache der Seele und der Schöpfung verfasst.

Wir können aber lernen, unsere Botschaft in Analogien an die Schöpfung zu senden. Also in Bildern, Gefühlen, Zeichen, Symbolen, Intuitionen, Metaphern oder Gleichnissen. Auch Rituale haben hier eine große Bedeutung, denn sie sprechen die Sprache der Seele: Absicht, intensive emotionale Beteiligung und Handlung. Denn mit der

Handlung setzten wir die Absicht in ein erlebbares, bildhaftes Geschehen.

Schaffen wir das, ist es an der Zeit, auch die Antworten zu hören. Sie kommen nicht als Worte daher, sondern ebenso als Zeichen, Symbole, Intuitionen, Gefühle, Bilder und Geschichten. Oder als Impuls von außen. So können Menschen in unser Leben treten, die uns Hinweise geben, wir sehen einen Film oder uns fällt ein entsprechendes Buch in die Hände. **Auf irgendeinem Kanal bekommen wir eine Antwort.** Es liegt an uns, sie zu erkennen. Also müssen wir unsere Augen und Ohren öffnen, denn **die Botschaft kommt gewiss.** Entweder durch einen inneren Kanal oder von außen. Oft aber aus unerwarteter Richtung.

Das Wissen um die Sprache der Seele ist wichtig, wenn wir die Geschichte von Bileam erfassen wollen und seine Erlebnisse als Analogie auf uns wirken lassen. Achten wir also auf die Bilder und Emotionen, auf Zeichen und Symbole, auf den Input von innen, aber auch auf Impulse von außen.

Zusammenfassung

Seele und Schöpfung sprechen in Zeichen, Symbolen, Bildern, Träumen, Mythen, Emotionen, Symptomen, Botschaften von außen, durch Filme, Menschen und Bücher zu uns. Wir können lernen, zu hören und aufmerksam zu sein, damit wir ihre Botschaften wahrnehmen. Und wir können auch lernen, in dieser Sprache zu senden. Dann entsteht Kommunikation und wir können Zugang zu einer unendlichen Kraft gewinnen, denn Seele und Schöpfung wollen uns die nächsten Schritte aufzeigen, sodass wir voranschreiten, uns weiterentwickeln und heil werden.

3. Impulse von innen

Zum Verständnis der Geschichte von Bileam brauchen wir neben der Sprache der Seele und der Schöpfung einen weiteren Aspekt. Wir wissen jetzt, dass unsere Seele mit uns und anderen Seelen kommuniziert, und haben erfahren, dass es eine Kommunikation zwischen Seele und Schöpfung gibt.

Alle Religionen sprechen davon, dass die Schöpfung das große Ganze ist, von dem wir selbst nur ein Teil sind. In der Naturspiritualität ist das, wie erwähnt, Wakan Tanka, der Geist, der in allen Dingen ist. In der christlichen Mythologie ist es Gottes Schöpfung. Auch die Muslime verehren Allah als Schöpfer von allem. Jede Glaubensrichtung hat ihren Namen für dieses Mysterium.

Da wir Teil dieses großen Ganzen sind, kommt uns in diesem Ganzen auch unsere besondere Aufgabe zu. Sie wird durch unsere individuellen Talente und Fähigkeiten bestimmt. Diese können wir einsetzen, um **unsere Aufgabe in dieser Welt** zu erfüllen.

Doch wie erkennen wir, mit welcher Aufgabe wir betraut sind? Und wie können wir anderen auf ihrem Entwicklungsweg helfen und sie unterstützen?

In unserer Jugend sind wir auf der Suche: Wo ist unser Platz in der Gesellschaft? Was sind unsere Talente und

Fähigkeiten? Wie können wir uns weiterentwickeln? Auf welche Weise können wir andere auf ihrem Weg voranbringen?

Auch wenn uns letztere Frage zunächst nicht umtreibt, bleibt unsere persönliche Suche. In diesem Prozess werden wir andere auf ihrem Weg unterstützen. Das geschieht von selbst. Aber was können wir tun, um genauer zu erkennen, wozu wir hier sind?

Frühere Generationen und andere Kulturen hatten eine Strategie dafür: die Visionssuche. In der **Visionssuche** wurde dem Suchenden die Information zuteil, was sein Weg sein sollte. Der Geist, der in allen Dingen ist, oder die »Weisungen des Herrn« offenbarten die Richtung.

Bei einer Visionssuche geht der Suchende für vier Tage in die Natur. Er nimmt keine feste Nahrung zu sich. Er beschäftigt sich mit der Frage, was sein Weg in dieser Welt sein könnte. Mit dem Entzug von Nahrung und dem Alleinsein in der Natur und mit einer Wachnacht zum Schluss kommt der Suchende immer mehr in einen Zustand, in dem sich seine Seele für Botschaften öffnet. Dann kann eben eine Vision hochkommen, also ein inneres Bild, wohin ihn seine Lebensreise führt. Oder es kommen nach der Visionssuche Impulse hoch, die den Suchenden führen. Auch kann er bei der Visionssuche mit schwierigen inneren Situationen konfrontiert werden, wobei er sich dann mit entsprechenden Gefühlen auseinandersetzt.

Dies sind bewusst herbeigeführte Visionssuchen. Aber auch wenn wir das nicht bewusst machen und vielleicht gar nichts von dieser Möglichkeit wissen, sind wir auf der Suche. Dieses Motiv der Suche taucht auch in Märchen auf, wie beispielsweise in »Hans im Glück«, oder in der Mythologie, wie beispielsweise in Homers »Odyssee«.

Oder eine Visionssuche wird gemacht, aber nicht so benannt. Wie beispielsweise dass Jesus für 40 Tage in die Wüste ging (Mt. 4.1-11). Da spricht keiner von Visionssuche, aber er geht in die Natur und fastet und öffnet sich für den Empfang von Botschaften. Er begegnet zum Schluss seines Aufenthaltes dem Teufel. Also einem Geistwesen aus der anderen Welt. Er besteht die Prüfung. Und dann verfolgt er seinen Lebensweg, denn er lehrt die Menschen.

Nun machen wir in unserer Kultur kaum mehr eine Visionssuche, aber dennoch suchen junge Menschen nach ihrer Bestimmung. Meine Suche in jungen Jahren dauerte zwei Jahre. Natürlich bin ich nicht bewusst auf Visionssuche gegangen, denn ich bin ein Kind unserer Gesellschaft und unserer Zeit. Ich wusste gar nicht, dass es so etwas gibt und worum es dabei geht. Aber ich bin mit einer Frage gegangen.

Vor meiner Bundeswehrzeit bei der Marine sah ich den vorgezeichneten Weg eines Maschinenbauers vor mir. Die Lehrstelle war mir schon sicher. Danach sollte ich Maschinenbau studieren. So der Plan.

Aber auf hoher See habe ich mich gefragt, ob das wirklich meins ist, und kam von dieser Vorgabe ab. Ich habe alles Mögliche überdacht: Mathematik, Physik, Elektrotechnik, sogar Philosophie. Ich habe dazu Literatur gelesen. Aber all das Grübeln und die Suche auf mir bekannten Pfaden haben mich nicht weitergeführt.

Wir erinnern uns, dass der Verstand uns bei Fragen über die Zukunft nicht hilft. Allein die Seele hat das Wissen und führt uns. Und so fiel mir in einer Buchhandlung ein Band zum Thema Psychologie in die Hände. Zufall? Warum habe ich nach diesem Buch gegriffen? Damals wusste ich gar nicht, dass es Psychologie überhaupt gibt. Mich befiel nur so ein Gefühl, dass ich da mal reinschauen sollte.

Es hat mich sofort begeistert, geradezu fasziniert. Ich habe weitere Bücher zum Thema Psychologie gelesen und irgendwann gemerkt, dass mich das Thema fesselt. Ich entschied: Interessiert es mich in einem halben Jahr immer noch, dann studiere ich Psychologie. Und so ist es dann gekommen.

Erinnern wir uns an die Sprache der Seele und der Schöpfung? Gefühle, Intuitionen, Bilder, Zeichen, Symbole? Diesen Signalen bin ich gefolgt, ohne zu wissen, was ich da tat. Ohne diese Suche auf hoher See, als ich aufhörte, das Thema mit dem Verstand lösen zu wollen, und mich dann der Sprache der Seele geöffnet hatte, ohne diesen »zufälligen« Griff nach dem Buch in der Buchhandlung aus einem Gefühl heraus hätte ich meinen Weg nicht gefunden. Ich bin einem inneren Impuls gefolgt. Und dies war ein Hinweis meiner Seele, vielleicht sogar der Schöpfung. Ich war auf der Suche und habe die Antwort nach zwei Jahren gefunden. Bei einer Visionssuche gehen wir direkter vor.

Damals bin ich den **»Weisungen des Herrn« gefolgt**, also den Impulsen von innen. Natürlich wusste ich das zu der Zeit nicht, hatte ich doch keine Ahnung von der Seele, der Schöpfung und ihrer Zwiesprache untereinander. Aber in der Rückschau erkenne ich, was da geschehen ist. Und es hat mein Leben geprägt.

Ich spreche von den »Weisungen des Herrn«, ein Begriff, der im ersten Psalm steht. Viel später, als ich begann, mich mit der Schöpfung zu beschäftigen, und viel gelesen habe, eben auch die Bibel, fiel mir das auf. In anderen Übersetzungen wird von den »Gesetzen des Herrn« gesprochen, aber ich finde, das Wort »Weisungen« trifft es besser.

Die Schöpfung spricht zu uns. Damit ist gemeint: Wir bekommen Hinweise darauf, was unser nächster Schritt ist. Der Schritt, der uns auf unserem Weg hier in dieser Welt weiterbringt. Wir müssen sie nur hören und fühlen. Logik hilft uns da nicht.

Damals bin ich meinen Impulsen und Gefühlen gefolgt und habe die Anregungen aufgenommen, noch völlig unbewusst und unreflektiert. Ich wusste von diesen Dingen nichts. Heute weiß ich darum.

»Weisungen des Herrn« trifft es für mich besser als Gesetze, **weil wir die Wahl haben**. Wir können auch Nein sagen, können Hinweise ignorieren oder uns bewusst dagegen entscheiden, was unsere Seele, was die Schöpfung uns als Impuls mitteilt. Dafür werden wir auch nicht bestraft.

Viele glauben, sie würden bestraft, wenn sie etwas »falsch« machen. Aber wer sollte uns bestrafen? Es gibt niemanden, der das tut, auch Gott oder die Schöpfung nicht. Allerdings schließt jede Entscheidung, jede Wahl, eine andere Möglichkeit aus. Und so müssen wir mit dem leben, was diese Entscheidung dann mit sich bringt. Da wir nicht in die Zukunft schauen können, wissen wir eben oft nicht, welche Folgen eine Entscheidung hat. Aber unsere Seele will uns Hinweise geben.

Also macht es Sinn, den »Weisungen des Herrn« zu folgen, denn aus ihnen spricht die Schöpfung. Und die will uns nur Gutes. **Sie will uns helfen und unterstützen.** Dazu ist es aber wichtig zu begreifen, worin die Weisungen bestehen.

Als ich anfing, mich damit auseinanderzusetzen, hatte ich noch nichts begriffen. Ich wusste nicht, was die Weisungen des Herrn sind. Wenn ich heute darüber schreiben kann, liegt das daran, dass ich durch viele Irrungen gewandert bin, bis ich es verstanden habe.

Für die Schöpfung und die Seele ist Kommunikation etwas Selbstverständliches. Es geht nur darum, dass wir ihre

Sprache verstehen, dann verstehen wir auch die Botschaft in Form von Hinweisen oder Weisungen.

Damals wusste ich noch nichts von der Sprache der Seele. Also dachte ich, ich frage die »andere Welt«, wie wir die Schöpfung auch nennen können, die Welt, die wir nicht physisch wahrnehmen, die sich unserer Seele aber erschließt, wenn wir lernen, auf dieser Ebene zu hören und zu sehen.

Ich habe eine Trommelreise mit der Frage gemacht: Was sind die Weisungen des Herrn? Dort wurde mir etwas ärgerlich mitgeteilt, ich solle den Weisungen folgen – aber kein Hinweis darauf, wie ich die erkenne. Erst viel später habe ich begriffen, dass das für die Schöpfung, die Seele, für die andere Welt, überhaupt keine Frage ist, es ist selbstverständlich.

Wir erhalten permanent Hinweise von der Seele, von der Schöpfung. Wir fühlen, bekommen Ahnungen, träumen, haben auch Tagträume, Intuitionen. Das alles kommt von innen. Dazu gesellen sich Impulse von außen. **Wir müssen uns dem nur öffnen, dann erkennen wir die »Weisungen des Herrn«.**

Das können wir passiv erleben, wenn wir aufmerksam und achtsam sind. Wir müssen nur wahrnehmen, was in und außerhalb von uns geschieht. Aber wir können **auch direkt** und zielgerichtet mit der Schöpfung **in Kontakt treten**.

Das ist wichtig zu wissen. Haben wir die Aufmerksamkeit noch nicht, dann fällt es uns schwer einzuordnen, ob etwas ein Hinweis der Seele oder der Schöpfung ist. Sind wir noch nicht in der Lage, das ausgeprägt wahrzunehmen, können wir zunächst in die Stille gehen, ins Gebet, in die Meditation, in die Natur und uns für Botschaften öffnen.

Haben wir uns schon etwas mit Schamanismus beschäftigt, können wir auch eine Trommelreise machen. Dann sind wir mit unserem Krafttier unterwegs und können dabei mit einer Frage gehen. Wir werden eine Antwort bekommen, wieder in der Sprache der Seele. Vielleicht sehen wir innere Bilder, die uns die Information geben, die wir brauchen.

Eine erste Übung, wenn wir in einer Trommelreise Kontakt zur »anderen Welt« aufnehmen wollen, ist die Begegnung mit unserem Krafttier. Nach der Vorstellung der Lakota ist für jeden Menschen ein Krafttier in der spirituellen Welt da, das uns begleitet und uns helfen will. In dieser meditativen Reise stellen wir uns eine bekannte Wiese vor und suchen ein Portal, durch das wir gehen können. Damit ist nicht ein steinerner Rundbogen gemeint, sondern ein Strauch, ein Baum, eine Höhle oder irgendein anderer Durchgang. Wir gehen dort in unserer inneren Bilderwelt hindurch und sind in der »anderen Welt«. Dort können wir nach unserem Krafttier fragen. Wenn ein Tier erscheint, können wir es fragen, ob es unser Krafttier ist. An seinem Verhalten erkennen wir es. Wendet es sich ab oder schüttelt es den Kopf, ist es das nicht. Nickt es, nimmt es durch sein Verhalten Kontakt zu uns auf, ist es unser

Krafttier. Ihm können wir Fragen stellen und bekommen auf der bildhaften, gefühlsmäßigen oder intuitiven Ebene Antworten. Wichtig ist, uns zu bedanken und die »andere Welt« auf demselben Weg wieder zu verlassen, auf dem wir gekommen sind.

Wir können auch eine sogenannte **Medizinwanderung** machen. Dabei gehen wir mit einer Frage in die Natur und lassen uns von unseren Gefühlen leiten. Sind wir aufmerksam, begegnen wir Zeichen, Symbolen, vielleicht auch einem Erlebnis, das uns die Augen öffnet.

Wir können auch zu Hause oder in einer Kirche beten und dabei in eine Art leichter Trance fallen. Als Kind habe ich das sehen dürfen. Ich musste regelmäßig in die Kirche und habe die Leute beobachtet, während sie beteten. Ihr Anblick hat mir nichts gegeben, sie schienen in keinerlei besonderem Kontakt zu stehen.

Aber einmal war ich abends in der Kirche und habe eine alte Frau den Rosenkranz beten sehen. Das war ganz anders. **Sie war wie in Trance.** Sie hat die Perlen durch ihre Hand gleiten lassen und dabei leise gemurmelt. Offenbar stand sie in Verbindung mit der Schöpfung, ihre Seele war in Kommunikation. Damals habe ich das noch nicht verstanden, ich habe nur gespürt, dass es etwas vollkommen anderes war als das Beten, das ich sonst aus dem Gottesdienst kannte.

Kinder haben meiner Meinung nach noch den direkteren Kontakt, bevor sich das im Erwachsenenleben verflüchtigt.

Bei einer Taufe habe ich das erlebt. Da sind kleine Kinder im Mittelgang der Kirche gelaufen und haben neugierig ihre Umgebung betrachtet. Diese Kinderaugen werde ich nie vergessen. Sie haben mehr gesehen, als wir physisch erkennen.

Geraten wir in solch einen Zustand, kommen wir in eine direktere Verbindung. Dann **öffnen wir unsere inneren Augen und unsere inneren Ohren.** Dann nehmen wir wahr.

Aus der Geschichte von Bileam können wir mitnehmen, dass wir uns **ganz bewusst in eine Atmosphäre begeben, um den Kontakt zur Schöpfung herzustellen.** Dann achten wir auf unsere inneren Impulse, Bilder, Gefühle und nehmen wahr, was unsere Seele als nächsten Schritt will. Und wir können wahrnehmen, was die Schöpfung uns sagen will: die Weisungen des Herrn.

Vielleicht erscheint das jetzt zu viel, mancher mag denken: »Das ist nichts für mich. Das kann ich nicht.« Aber das ist ein Irrtum. Wir müssen weder Theologie studiert noch eine Ausbildung zum Schamanen absolviert haben. **Träumen können wir alle!** Und im Traum ist unsere Seele aktiv. Die Träume, die uns nicht loslassen, enthalten eine Botschaft. Auf diese Weise können wir alle empfangen. Und tagträumen können wir auch alle, also senden!

Gefühle haben wir auch alle. Intuitionen kennen wir und Ahnungen. Viele von uns haben schon so manches Ereignis als Zeichen verstanden. **Die Sprache der Seele ist uns allen zugänglich.** Richten wir unsere Aufmerksamkeit darauf, kann sich unser Zugang vertiefen. Verstehen wir die Sprache der Seele, dann verstehen wir ebenso die Sprache der Schöpfung.

Mein Beispiel der Studienwahl zeigt, dass wir das alles gar nicht bewusst wissen müssen, denn wir wissen es längst auf einer tieferen, unbewussten Ebene. Oft lassen wir uns von unseren Gefühlen oder inneren Bildern, also Vorstellungen, leiten. **Wir tun es also schon.**

Diesen Zugang können wir aber ausbauen, indem wir uns dafür Zeit nehmen und uns **bewusster werden**, was gerade in uns geschieht, was unsere Seele oder die Schöpfung uns mitteilen wollen. Wir öffnen uns. Das können wir lernen. Die Geschichte von Bileam zeigt uns, wie sich ein solcher Prozess entwickeln kann.

Dabei programmieren wir unsere Wahrnehmung um. Wir öffnen unser inneres Auge und werden uns bewusster. **Wir durchlaufen eine Entwicklung, wenn wir uns auf die Geschichte von Bileam einlassen.**

Zusammenfassung

Die Sprache der Seele kennen wir alle. Wir können uns bewusster darauf einlassen, um stärker davon zu profitieren, denn die Seele hat das Wissen und die Schöpfung will uns zu unserem Wohl führen. Indem wir eine Atmosphäre schaffen, die uns hilft, intensiver wahrzunehmen und selbst zu senden, können wir bewusst in Kontakt treten. Wir erkennen dann immer deutlicher die Hinweise der Seele oder der Schöpfung: die Weisungen des Herrn. Diese Weisungen nehmen wir als Impulse in unseren inneren Bildern, Träumen, Gefühlen und Intuitionen wahr. Und wir erkennen immer besser die Hinweise, die von außen auf uns zukommen.

4. Unsere eigenen Entwicklungsprozesse

Versetzen wir uns in die Geschichte von Bileam, zeigt sie uns die Schritte auf, die wir in unserem Leben gehen, wenn uns ein Impuls, eine Intuition erfasst. Bei Bileam ist es der Auftrag Gottes. Die Geschichte bringt das auf eine Weise ins Bild, die unsere Augen für diesen Prozess öffnet. So ein Auftrag kann von der Schöpfung kommen. In der Geschichte zeigt sich Bileam als Werkzeug der Schöpfung, mit der Erfüllung seines Auftrages dient er dem großen Ganzen.

Wir erfahren einen Impuls, der von innen kommen kann, manchmal auch von außen. In Kapitel III.2. haben wir gesehen, wie die Schöpfung mit uns spricht. Auf dieser Ebene erhalten wir unseren Auftrag, unseren Wunsch, unser Ziel.

Die Hintergründe eines solchen Auftrages müssen wir nicht gleich verstehen. Bei Bileam wird aber deutlich, dass er **von seinem Auftrag gepackt wird**. Der Seher will ihn unbedingt umsetzen, weiß um die Zusammenhänge und will sich durch nichts an der Erfüllung seines Auftrages hindern lassen.

Dies entspricht der **tiefen Gewissheit**, die wir spüren, wenn wir selbst auf der emotionalen Ebene von einer Idee, einer Eingebung, einer Intuition erfasst werden. Heutzutage sind wir uns nicht mehr klar darüber, dass dann die Schöpfung mit uns spricht.

Von dieser Kommunikation hören wir weder im Religions- noch im Ethikunterricht, niemand vermittelt uns das Wissen um die Sprache der Seele und der Schöpfung. Dennoch ist es da.

Auch wenn wir in unserer Kultur den Blick von diesen Dingen abgewandt haben, sind sie nicht verschwunden. Unser Unbewusstes, unsere Seele, funktioniert dennoch so. Wenn wir unbewusst darauf reagieren, ist das auch in Ordnung. Wir müssen uns dieser Dinge nicht bewusst sein, sie funktionieren ohne unser Zutun.

Ein Kind, das in der Schule noch nichts von der Schwerkraft gehört hat, ist ihr dennoch ausgeliefert. Wenn es stürzt, tut es sich weh, dafür muss es die Gravitationsgesetze nicht erklären können. Wenn wir aber darüber Bescheid wissen, vermögen wir besser damit umzugehen.

So ist es auch mit der Geschichte Bileams. Begreifen wir, was diese Geschichte uns aufzeigt, kommen wir dem Bewusstsein näher, was mit uns selbst geschieht, wenn wir in einen Entwicklungsprozess einsteigen.

Dann können wir einen Impuls, die Gewissheit, dass wir etwas erreichen wollen, wahrnehmen und haben schon eine Idee, was auf uns zukommt. Oft hören wir: »Folge deinem Herzen.« Aber nur zu selten wird dieser Satz ergänzt: **»Folge deinem Herzen, und du wirst Schwierigkeiten bekommen.«** Denn Hindernisse und Probleme kommen auf unserem Weg unweigerlich auf uns zu, ob wir sie nun erwarten oder nicht. Bileam erwartet sie nicht, er weiß nichts, um diese Prozesse.

Wir, als Leser der Geschichte, werden mit handelnden Personen konfrontiert: mit Bileam, seiner Eselin, dem Engel und mit Gott. So sind Geschichten angelegt, um uns eine Weisheit näherzubringen. Auch wenn wir die Botschaft der Geschichte zunächst nicht begreifen, weil unser Verstand sie noch nicht erfassen kann, **kommt die Bildersprache der Geschichte in unserer Seele an**.

Die Geschichte ist in einer Bildersprache gehalten, die unsere Seele versteht. Auf bildhafter Ebene werden Informationen geliefert, die mit Emotionen verknüpft werden können. Lesen wir diese Geschichte nur distanziert, verstandesmäßig, können wir mit ihr nicht viel anfangen. **Versetzen** wir uns aber in sie **hinein**, können wir bei bestimmten Passagen Emotionen erleben und verstehen dann auf der Herzensebene mehr, als wir es rein rational könnten.

Bestimmte Emotionen werden direkt angesprochen, wie Zorn und Wut. Andere Emotionen müssen nicht explizit formuliert werden, die können wir direkt spüren. **Wir können Situationen nachfühlen, mitfühlen.** Dabei erschließt sich uns ihre Bedeutung deutlicher.

Der Autor dieser Geschichte, wie die Autoren vieler Geschichten aus heiligen Texten, weiß um die Kraft der Bilder und Emotionen. Ihre Sprache finden wir auch in Mythen,

Sagen, Märchen oder Gleichnissen. Es ist wichtig, das zu wissen. Frühere Generationen haben ihr **Wissen in Geschichten weitergegeben**. Das war in allen Kulturen und zu allen Zeiten so.

Leider haben wir längst verlernt, ihre Bedeutung zu begreifen. Die Wissenden unserer Vorfahren wurden verfolgt und umgebracht. Ob das nun die Druiden waren, die Cäsar ermorden ließ, oder die der Hexerei Beschuldigten, die im Mittelalter verfolgt wurden.

Empfangen wir also einen Auftrag der Schöpfung und erfasst uns Gewissheit, Faszination oder Begeisterung, kommt oft zuerst die Frage: »Soll ich das wirklich tun?« So wie wir es bei Bileam in seiner ersten Klausur sehen. Es kommt zuerst ein Nein. **Wir lehnen unseren Auftrag also zunächst ab.**

Interessanterweise kommt der Input für diesen Auftrag von außen. Bei Bileam haben die Moabiter Gesandte geschickt, um Hilfe zu erbitten. So kann uns das auch geschehen: Wir werden mit einem Anliegen konfrontiert und prüfen es. Wie oft haben wir dann nicht schon das Gefühl der Abwehr gehabt: »Nein, das will ich eigentlich nicht?«

Aber diese Aufforderung tritt wieder an uns heran. Und wir prüfen sie erneut und nehmen den Auftrag an, wenn wir uns damit identifizieren können, und machen uns auf den Weg.

Wir alle haben schon solche Situationen erlebt, auch wenn wir sie bisher nicht so eingeordnet haben. Wir denken vielleicht gar nicht darüber nach und fangen erst an, uns Gedanken zu machen, wenn Schwierigkeiten auftauchen.

Dann erleben wir Hindernisse, die wir gerne umgehen würden. Es ist unangenehm, manchmal tut es weh. Wir werden ungeduldig, vielleicht sogar wütend, wenn die Dinge nicht so laufen, wie wir es erwartet oder uns vorgestellt haben.

Vertiefen wir uns in die Geschichte Bileams und halten das Erzählte für möglich, dann verstehen wir, dass Hindernisse dazugehören. Allerdings müssen wir uns nicht wundern, **dass wir sie zunächst weder begreifen noch einordnen** können.

Die Geschichte Bileams zeigt uns eindrücklich, **dass wir die wahren Hintergründe (noch) nicht sehen können**. Bekommen wir einen Auftrag, geht es häufig darum, dass wir etwas lernen müssen, um genau diesen Auftrag erfüllen zu können.

Das unterscheidet sich von Aufträgen, die in einen Bereich fallen, den wir schon beherrschen. Es ist ein Unterschied, ob ich mit einer neu zu erlernenden Fähigkeit konfrontiert werde oder ob eine Fähigkeit gebraucht wird, die ich schon habe.

In der Geschichte lernt Bileam auf einer neuen Ebene zu sehen. Wenn er das gelernt und integriert hat, kann

er solche Aufträge in Zukunft ohne Schwierigkeiten bewältigen. Bei den Prozessen, von denen wir hier reden,
geht es um neue Fähigkeiten, über die wir noch nicht
verfügen.

So kommen wir an den **kritischen Punkt**, an dem nichts
mehr geht. Wir geraten in eine Überforderungssituation
und sind an unseren bisherigen Grenzen angekommen.
Wollen wir unsere Komfortzone verlassen, steht dort die
Angst und warnt uns. Sie warnt uns vor möglichen Gefahren, die wir nicht einschätzen können.

Dies ist die Aufgabe der Angst. Es ist nun an uns, zu überprüfen, ob wir wirklich bereit sind, unsere bisherige Grenze
zu überschreiten und eine neue Herausforderung anzunehmen. Bileam sieht den angsteinflößenden Engel und
will sich zurückziehen. Die Angst, oder der Respekt vor
dem Engel, führen zunächst dazu, dass er aufgeben will.
Als er dann versteht, worum es geht, nimmt er die Herausforderung an.

Begreift er nicht, um was es hier geht und dass er die neue
Fähigkeit lernen kann, dann ist Rückzug sicher die richtige
Option. Die müssen auch wir im Auge haben. Wir brau-
chen die Bereitschaft umzukehren, wenn die Gefahr zu
groß wird. Das ist die kritische Situation, in der sich unser
Weg entscheidet.

Ich erinnere noch einmal an das chinesische Schrift-
zeichen für Krise: Gefahr und Chance. Der Engel stellt in

der Geschichte beides dar: Er löst Angst aus und signalisiert, dass Bileam Gefahr läuft umzukommen, wenn er weitergeht, denn der Engel ist bewaffnet und hütet diesen Übergang.

Aber er zeigt auch die Chance auf: Lernt Bileam, eine neue Ebene des Sehens und Hörens zu erreichen, kann er weitergehen. Auf diese Weise stellt die Schöpfung auch uns vor Hindernisse, damit wir eine bewusste Entscheidung treffen können. Und sie zeigt uns **die neuen Möglichkeiten** auf.

Wir werden zwar immer wieder Schwierigkeiten begegnen, aber wir werden sie überwinden können, wenn wir das lernen, was gerade ansteht. **Die Schöpfung gibt uns keine Aufträge, die uns überfordern.** Sie führt uns an die Grenze unserer bisherigen Fähigkeiten, aber wir bekommen die Möglichkeit, über uns hinauszuwachsen.

In dieser Geschichte kommt die Anfrage bei dem Seher Bileam an. Er steht bereits auf einer bestimmten Stufe des Sehens. Wenn also die Aufgabe größer ist als das, was er bisher vermag, so beinhaltet sie seinen nächsten Entwicklungsschritt.

Die Aufgabe erreicht keinen Zimmermann oder Schafhirten. Nein, sie erreicht den Seher Bileam. Wir können uns also gewiss sein, **dass wir wirklich gemeint sind**, wenn uns eine Anfrage erreicht, die uns zunächst zu groß erscheint. Wir stehen dann an der Schwelle zum nächsten Schritt, weswegen wir mit dieser speziellen Aufgabe betraut werden. Das nennen wir Entwicklung.

Es ist wie mit dem Erlernen eines Musikinstrumentes. Haben wir die Grundlagen geübt, werden die Stücke, die wir spielen, immer anspruchsvoller. Würden wir zurückgehen zu den ersten Etüden, könnten wir nie eine gewisse Virtuosität erreichen.

Der Übergang auf ein neues Niveau ist der Beginn eines neuen Lernschrittes. So ist es auch, wenn uns ein Auftrag erreicht, den wir mit unseren bisherigen Fähigkeiten noch nicht bewältigen könnten. **Wir müssen also etwas lernen.**

Das zeigt uns die Geschichte von Bileam eindringlich. Wir können auf unser Leben zurückschauen: Wo haben wir wichtige neue Schritte gemacht? Wie ist das abgelaufen? Ging es reibungslos? Oder hatten wir Hindernisse zu überwinden? War es ein nahtloser Übergang oder haben wir auch eine kritische Situation erlebt, in der wir aufgeben wollten?

Haben wir uns der Gefahr und unserer Angst gestellt und sind damit vorangegangen – wie hat sich die Situation dann entwickelt? Was war mit unserer Angst?

Welche neue Fähigkeit haben wir uns in dieser Zeit angeeignet? Was haben wir gelernt? War das dann leicht? Oder lief es holprig? Mussten wir es üben, also wiederholen? Wie hat sich diese Fähigkeit im Laufe der Zeit entwickelt? Ist es heute noch schwierig oder haben wir sie inzwischen integriert? Ist sie für uns bereits selbstverständlich geworden?

Wie war es mit unserem Vertrauen und unserem Glauben an uns selbst? Und wie war es mit dem Vertrauen in die Führung durch die Schöpfung bestellt? Haben wir gezweifelt und gehadert? Vielleicht waren wir auch gesundheitlich angegriffen oder auf der seelischen Ebene niedergeschlagen. Was hat sich bei diesen Symptomen getan? Wie ging es weiter?

Denn manchmal gehören auch körperliche Beschwerden dazu. Nicht in dem Sinne einer ernsthaften Erkrankung, die mit einer Erkenntnis einfach so verschwindet. Sondern eher dass in der Überwindung einer Erkrankung oder in der Auseinandersetzung mit einer Erkrankung etwas in uns geschieht. Wir ändern unsere Einstellungen und gewinnen neue Perspektiven und neue Schwerpunkte im Leben. Auch das führt zu einer seelischen Weiterentwicklung. Manchmal können dabei auch körperliche Leiden zurückgehen. Aber manchmal müssen wir auch lernen, damit zu leben.

Im Fall Bileam sehen wir, dass die Eselin streikt und nicht mehr funktioniert. Als Bileam dann die wirkliche Herausforderung erkennt und annimmt, funktioniert die Eselin wieder. Die Eselin ist die, die Bileam auf seinem Weg trägt. Analog zu diesem Bild trägt uns unser Körper durch unser Leben. Und auch er streikt manchmal.

Geschichten helfen uns weiter, denn sie sprechen unsere Seele an. Die Seele reagiert, auch wenn unser Verstand es noch nicht greifen kann. Braucht unsere Seele Unterstützung, dann ist es gut, wenn wir die passende Geschichte hören und erleben.

Warum wollen Kinder immer wieder die gleiche Geschichte vorgelesen bekommen? Nur weil sie ihnen gefällt? Warum gefällt sie ihnen? Kinder spüren das noch. Sie haben ein tiefes Wissen um die Seele und wie sie arbeitet. Sie kennen unbewusst die Bedeutung der Geschichten, Mythen und Gleichnisse.

Kinder wollen Geschichten immer wiederholen, weil sie ihren Kern integrieren wollen. Sie können sie bald auswendig **und leben in dieser Bilderwelt. Sie spielen sie nach**, übernehmen die Rolle des Helden der Geschichte **und identifizieren sich mit ihm**. Kinder entwickeln sich schnell. Sie wachsen rasant, nicht nur körperlich, sondern auch seelisch. Geschichten unterstützen sie dabei.

Nur wir Erwachsenen haben uns angewöhnt, alles rational anzugehen. Wir fragen uns, ob Bileam als Person überhaupt historisch belegt ist. Kann es wirklich sein, dass die Eselin gesprochen hat? Und hat Bileam tatsächlich einen Engel gesehen?

Aber was spielen diese Überlegungen für eine Rolle? Bileams Geschichte übermittelt uns in der Sprache der Seele eine Botschaft. Öffnen wir uns für diese Ebene, reagiert unsere Seele darauf. Dann kann sie lernen, Vertrauen in die Schöpfung zu entwickeln, und begreift, dass sie geführt wird. Sie wird gefordert, aber nicht überfordert. Unsere Seele findet neue Möglichkeiten, neue Ebenen, neue Erkenntnisse, indem sie sich auf einen Entwicklungsprozess einlässt, wie ihn die Geschichte Bileams beschreibt.

Geht es nicht genau darum? Um diese Zuversicht, dieses Vertrauen in die Ereignisse, auch wenn sie uns rational noch nicht einleuchten? **Das Vertrauen in das, was auch immer geschieht** – sogar wenn es schwierig wird und sich Hindernisse auftun? Auch wenn es eine Grenze gibt, deren Überschreitung uns Angst macht?

Erfassen wir diese Erzählung also nicht nur verstandesmäßig, sondern **lassen** uns von ihr **berühren**, haben wir die Möglichkeit, Vertrauen in diesen Prozess zu gewinnen. Wir reduzieren unsere Ängste und überwinden unsere Zweifel. Wir schreiten voran – trotz der Schwierigkeiten, die wir nicht verstehen können.

Wir halten die Situation aus, wenn nichts mehr geht und unsere Unsicherheit am größten ist, wenn wir dabei sind, aufzugeben und uns zurückzuziehen. Dieses tiefere Verständnis, das nur auf der Ebene des Herzens möglich ist, lässt uns auch dann zuversichtlich voranschreiten, wenn es holprig wird.

Es ist wichtig, dranzubleiben und nicht zu früh aufzugeben. Die ersten Hindernisse können wir oft umgehen, ohne zu erkennen, dass sich etwas anbahnt. Das gehört dazu. Wir können das Thema unseres Lernschrittes noch nicht erkennen. **Er liegt bislang im Dunklen**, im Unbewussten.

Aber das Thema zeigt bereits Auswirkungen, denn **auf einer tiefen, unbewussten Ebene kommt es schon zu Reaktionen** – was uns das Verhalten der Eselin vor Augen führt. Im Umfeld sehen wir durchaus Probleme, die uns nicht lösbar erscheinen, die wir aber eine Zeit lang noch zur Seite schieben können.

All das gehört dazu und ist Teil des Prozesses, den wir deshalb auch nicht abkürzen können. Wir müssen mit der Wahrheit ringen, bis wir den kritischen Punkt erreichen. Dann sind wir berührt, geschockt, irritiert und verunsichert. **Aber damit bietet sich uns die Chance, die Augen zu öffnen.**

An diesem Wendepunkt lassen wir zu, dass die Botschaft unser Bewusstsein erreicht, und erkennen, worum es geht. Nun fühlen wir, was das Thema ist, denn der Schritt ins Unbekannte zeigt sich, in das Feld, das wir vielleicht bislang vermieden haben. Wir sind bereit, uns der Angst oder den Schuldgefühlen zu stellen, **und gehen mit ihnen voran.**

Wir brauchen uns nur von der Geschichte Bileams berühren zu lassen. **Unsere Seele wird ihre Botschaft aufnehmen und sich neu ausrichten.** Sie wird dieses Wissen um den Entwicklungsprozess erfassen und sich leichter und zuversichtlicher darauf einlassen. Dazu brauchen wir Geschichten.

Es ist nicht wichtig, wo wir die Geschichten finden, die uns weiterbringen können. Hier haben wir eine Geschichte aus der Bibel gewählt. Dabei geht es uns nicht um den religiösen Kontext der jüdisch-christlichen Tradition. Es geht um die Botschaft von Geschichten und um ihre Wirkung. Bileam ist nur ein Beispiel dafür, aber seine Geschichte ist wichtig, wenn es darum geht, Entwicklungsprozesse zu begreifen und zuzulassen.

Lassen wir die Geschichte Bileams in ihrer Sprache auf uns wirken, wird sie unsere Seele berühren und grundlegende Einsichten zulassen. Dann kommen wir tiefer in das Vertrauen in solche Prozesse und lassen sie zu, statt uns dagegenzustemmen.

Zusammenfassung

Geschichten fördern unsere Entwicklung. Kinder wissen das auf einer tieferen Ebene. Deshalb wollen sie Geschichten immer wieder hören und integrieren die seelischen Botschaften aus dieser Bilderwelt. Sie hören sie, lassen sich davon berühren, spielen sie nach. Auf diese Weise lernen sie immer wieder etwas Neues. Sie folgen dem Helden oder der Heldin der Geschichte, ohne sie rational zu analysieren. Alle Kulturen haben ihre Geschichten, ihre Mythen, die über Generationen mündlich weitergegeben wurden. Es macht einen Unterschied, ob wir eine Geschichte nur distanziert lesen oder ob wir sie hören, denn der Erzähler transportiert beim Vorlesen nicht nur Bilder, sondern auch Emotionen. Unsere Seele wird dabei tiefer berührt.

Ganz gleich, wo wir solche fördernden Geschichten finden, ob in der Bibel, in Mythen, Märchen oder in Bildern, über die ein Wissender Botschaften vermittelt, immer werden sie unser Unbewusstes, unsere Seele berühren. Und unsere Seele wird in Bewegung kommen, sie wird reagieren. Um noch einmal die Bibel zu bemühen: Jesus hat vor allem in Gleichnissen gelehrt. Und das genau aus diesem Grund, denn die Botschaft kommt dann in unserer Seele an und nicht nur bei unserem Verstand. Das schaffen nicht nur diese biblischen Gleichnisse, sondern auch die Mythen, Sagen oder Erzählungen anderer Kulturen, etwa der nordamerikanischen Natives. Die Bileam-Passage der Bibel gehört zu den Geschichten, die uns auf einer tieferen Ebene etwas über Entwicklungsprozesse und Wachstum erzählen. Wir müssen sie nur mit dem Herzen hören.

5. Die Geschichten des Lebens

Geschichten vermitteln Erlebnisse und Erfahrungen. Sie geben Auskunft über tiefere Zusammenhänge und transportieren in dieser Form in Kulturen tief verwurzelte Weisheit.

Aber auch **das Leben schreibt Geschichten**, denn es ist voller Erlebnisse und Erfahrungen. In all diesen Erfahrungen stecken Lehren. Wir lernen durch sie, durch unser Handeln oder unser Nichthandeln. Wir erzählen unsere Erlebnisse und geben damit auch unsere Lehre weiter.

Früher haben die Alten Geschichten erzählt, Geschichten aus ihrem Leben. Und sie haben damit ihre Erfahrungen geteilt und weitergegeben. Lernen wir aus solchen Geschichten, müssen wir so manche schmerzliche Erfahrung nicht selbst machen.

Dies geschieht auch, wenn Kinder aufwachsen. Sie werden von den Eltern gelehrt, die ihre Erfahrungen weitergeben und ihre Kinder damit prägen. Werden wir positiv geprägt, können wir dieses Wissen unser ganzes Leben lang sinnvoll nutzen. Wir haben einen Umgang mit der Welt erlernt, der uns hilft, den Herausforderungen des Alltags zu begegnen.

Aber **Prägungen** laufen nicht immer nur positiv ab. Auch negative Prägungen bestimmen unser Verhalten. Dann kommen wir als Erwachsene an Grenzen, die uns ein Leben in Frieden und Freiheit schwermachen. Als Kinder haben wir Wege gefunden, um mit schwierigen Situationen klarzukommen. Das hat uns früher geholfen, Belastungen zu ertragen. Aber diese Überlebensstrategien aus der Kindheit geraten im Erwachsenenleben an ihre Grenzen.

Dann ist es Zeit, **unsere eigene Geschichte neu zu schreiben**. Wie können wir aus unserer negativen Schleife herauskommen? Zunächst ist es wichtig, diese negative Schleife als solche zu erkennen. Wir bemerken sie oft gar nicht, weil unser **Verhaltensmuster tief ins Unbewusste geprägt** ist. Wir haben es derart verinnerlicht, dass wir es nicht mehr bemerken und als überholte Überlebensstrategie identifizieren.

Aber die Seele will wachsen, sich weiterentwickeln und heil werden, also wird ihre Stimme lauter. Kommen wir an bestimmten Punkten nicht weiter, wird der Leidensdruck größer. Verstehen oder sehen wir das Thema nicht, entwickeln wir entsprechende Symptome.

Der Körper und die Seele reagieren. Leid ist oft ein Zeichen, dass etwas nicht stimmt, aber wir erkennen noch nicht, worum es geht. Wir brauchen also einen »Engel«, **einen Boten, der uns die Augen für das öffnet**, was wir noch nicht sehen können oder wollen.

Nun kommt vielleicht sogar der Engel zu uns und will uns zeigen, worum es geht. Er will uns eine Botschaft verkünden, die uns aus unserem Dilemma führt. Aber wer hat schon die spirituelle Gabe, Engel zu sehen? Es gibt Menschen, die auf spirituelle Weise die Botschaften empfangen, die sie für ihren nächsten Entwicklungsschritt brauchen. Sie sind schon auf einer gewissen Ebene Seher.

Aber die meisten von uns sind das nicht. Allerdings ist die Schöpfung kreativ und die Seele verfügt über das nötige Wissen. Deswegen führt sie uns dorthin, wo wir die Botschaften erhalten, die wir zur Überwindung einer kritischen Situation benötigen.

Es kann sein, dass wir zufällig einen Film sehen oder ein Buch in die Hände bekommen, die uns weiterführen können. Womöglich begegnen wir einem Menschen, der von Erlebnissen und Erfahrungen berichtet, die unser eigenes Thema berühren. So bekommen wir Hinweise, wie der andere diese Krise überwunden hat, welche Botschaft er dafür gebraucht hat und nun weitergeben kann.

Manchmal führt unsere Seele uns aber auch zu professionellen Helfern. Vielleicht ist das ein Arzt, der sich zunächst des körperlichen Leidens annimmt und es lindert. Dadurch haben wir noch keine Botschaft, sind aber nicht mehr ausschließlich auf unser Leid fokussiert und können uns für andere Informationen öffnen.

Das kann sehr wichtig sein, wenn das Leid stark ausgeprägt ist und sich der kritische Punkt hinzieht, ohne dass wie bei Bileam die plötzliche Intuition kommt. Es kann sein, dass wir für das Öffnen der Augen **noch nicht bereit** sind, weil wir nicht wirklich sehen oder hören wollen, worum es geht und was wir ändern müssten.

Mit der körperlichen Entlastung fällt es uns leichter, einen Helfer zu finden, der uns unsere Situation genauer vor Augen führt. Das kann eine Psychotherapie sein, wenn wir im Leid gefangen sind. Sei es eine Depression, seien es Ängste oder sonstige psychische Beeinträchtigungen bis hin zu psychosomatischen Störungen. **Unsere Seele führt uns dorthin**, wo Weiterentwicklung möglich ist.

Aber es wird Zeit brauchen, bis wir an den Punkt kommen, an dem wir wie Bileam den Engel sehen. Denn Bileam hat etwas, das wir meist erst entwickeln müssen: **Vertrauen.**

In dem Moment, in dem Bileam den Engel erkennt, akzeptiert er ihn und nimmt seine Worte sofort an. In der Psychotherapie geht das nicht gleich. Ehe wir bereit sind, uns manchmal unangenehmen Erkenntnissen zu stellen, müssen wir Vertrauen aufbauen. Das geht dann einher mit der Bereitschaft, das **anzunehmen**, was uns gesagt, was uns gespiegelt wird.

Der Klient kommt in der Regel mit sogenannten Widerständen. Unbewusst weiß er, weiß seine Seele schon, worum es geht. Aber es gibt oft **Ängste oder Schuldgefühle**, die den Blick auf die Realität verschleiern. Denn wollen wir die lebensverändernde Botschaft annehmen, müssten wir uns diesen Ängsten und Schuldgefühlen stellen. Und das haben wir bisher oft nicht gewagt.

Sie sind die Gefühle, wie andere auch, die uns die Augen eben nicht öffnen, sondern manchmal fast in eine Schockstarre verfallen lassen. So durchlaufen wir in einer Psychotherapie eine Art **Bileam-Prozess**, denn auch in einer Psychotherapie kann sich die Situation schrittweise zuspitzen. Der Therapeut ist dabei derjenige, der uns hilft, über diese Hürde zu gehen.

Lassen wir uns auf eine Psychotherapie ein, sind wir uns des Abenteuers nicht bewusst, das vor uns liegt. Wir werden unsere bisherige Geschichte reflektieren und nach und nach erkennen, nach welchem Muster wir handeln. Wir können erkennen, wie wir geprägt worden sind und was uns bisher blockiert hat.

Nun gilt es, unseren bisherigen Erfahrungen eine neue Geschichte entgegenzusetzen. Eine Geschichte, die aufzeigt, dass es **möglich** ist, etwas zu **verändern**. Der Klient hat bereits das tiefe Gefühl, dass es einen Ausweg gibt. Er sieht nur keine Tür, durch die er gehen zu können glaubt.

Hier treffen zwei Sichtweisen aufeinander: die bisherige Sicht des Klienten und die Perspektive des Therapeuten. Letzterer kann seine andere Perspektive mit Beispielen oder Geschichten unterstreichen.

Wir wissen, dass **es keine Heilung ohne Veränderung gibt**.

Diese Veränderung muss zuerst **in** uns geschehen, bevor sie sich in der Außenwelt zeigen kann. Nach und nach können wir begreifen, dass unsere Außenwelt einen Spiegel unserer Innenwelt darstellt. Ändert sich unsere Sichtweise, entdecken wir neue Möglichkeiten. Dann kann unser Verhalten sich ändern und damit auch das Außen.

Das Entscheidende in einer Psychotherapie ist dieser **Perspektivwechsel**. Wenn wir die Sichtweise ändern, sind wir wieder beim Thema Sehen. Wir bewerten unsere bisherigen Erfahrungen neu und ordnen sie anders ein. **Ändern** wir **unsere Bewertungen**, öffnet sich eine neue Möglichkeit zu sehen.

Psychotherapie führt uns auf diesem Weg des Perspektivwechsels Schritt für Schritt voran. Wir durchlaufen dabei die Entwicklung, die uns die Geschichte Bileams aufzeigt. Nehmen wir diese Erzählung auf, können wir uns leichter auf den Prozess einlassen und unsere Ängste oder Schuldgefühle besser abbauen.

Die Geschichte aus der Bibel vermittelt uns in ihrer tieferen Bedeutung, **dass es möglich ist**, zu einem neuen Sehen zu gelangen, wenn wir uns vertrauensvoll auf diesen Prozess einlassen. Wir begreifen Probleme dann nicht mehr als hinderlich, wie Bileam es in seiner unwissenden Phase getan hat, sondern wissen darum, dass hinter jeder Schwierigkeit ein Geschenk auf uns wartet: **eine neue Sichtweise und eine neue Fähigkeit.**

Auch wenn ich hier ausführlicher über meine Erfahrungen als Psychotherapeut geschrieben habe, so ist Psychotherapie nicht der einzige Weg, um zu einer neuen Perspektive zu gelangen und unsere Augen für das zu öffnen, was uns verändern und auf den Heilungsweg bringen kann.

In meiner Entwicklung durfte ich mehrere Ebenen kennenlernen, die die Möglichkeit bieten, die Perspektive zu wechseln. Allen gemeinsam ist allerdings die **Betroffenheit**. Ohne die emotionale Ebene geht es nicht, wir müssen berührt sein, damit wir uns öffnen können.

In der Anwendung der **klassischen Homöopathie** ist dies auch möglich. Das richtig gewählte homöopathische Mittel öffnet uns auf einer tieferen Ebene. Ich habe immer wieder erlebt, dass das sogenannte Konstitutionsmittel (manchmal auch »chronisches Mittel« genannt) in der Lage ist, uns auf einer tieferen Ebene zu berühren, sodass Intuitionen, Einsichten oder Träume aufsteigen. Diese wollen uns die Schritte zur Veränderung zeigen, die notwendig ist, um auf den Heilungsweg zu kommen.

Es ist durchaus möglich, **dass dieser Prozess blockiert** wird. Das homöopathische Mittel triggert etwas und setzt ein Signal, aber wenn wir dieses Signal unterdrücken, fallen wir wieder zurück. Wir können es stören, wenn wir die Botschaften, die unsere Seele dadurch zeigt, ignorieren.

Hier sehen wir die Grenzen der homöopathischen

Behandlung, wenn es um die seelische Weiterentwicklung geht. Sie bietet zwar die Möglichkeit eines Zugangs, erfordert aber die Bereitschaft, sich dem Thema zu stellen. Hier wäre eine therapeutische Begleitung wichtig, die genau diesen Punkt beachtet.

Um Missverständnisse zu vermeiden: Ich spreche vom Einsatz der klassischen Homöopathie, wenn es um die seelische Weiterentwicklung geht. Es geht hier nicht um die homöopathische Behandlung von üblichen Erkrankungen wie Grippe, Verletzungen oder sonstigen akuten Problemen. Da kann das homöopathische Mittel seine Wirkung entfalten, ohne dass wir einen Perspektivwechsel benötigen, und die Homöopathie als Alternativmedizin leistet unschätzbare Dienste. Wenn es um seelische Themen geht, ist es allerdings unverzichtbar, auf die Impulse, Träume und Eingebungen zu achten.

Umgekehrt habe ich die Erfahrung gemacht, dass eine **klassisch-homöopathische Behandlung als Begleitung einer Psychotherapie sehr hilfreich sein kann**, denn sie vermag oft den entscheidenden Impuls zu geben, wenn es um die Überwindung von psychischen Symptomen geht.

Hier ist es wichtig, die Scheuklappen als Behandler abzulegen. Es sind Scheuklappen, mit denen unsere Ausbildung uns ausgerüstet hat. Psychologen denken psychologisch, Homöopathen denken homöopathisch, aber manchmal ist die Ergänzung in einem ganzheitlichen Ansatz enorm hilfreich.

Nicht nur diese beiden Methoden können uns auf unserem seelischen Entwicklungsprozess helfen, denn durch Bileam kennen wir die Bedeutung von **Mythen, Gleichnissen oder Märchen** und von Geschichten, die das eigene Leben schreibt. Sie können uns dazu bringen, unsere individuelle Lebensgeschichte neu zu schreiben und mit einem anderen Narrativ zu belegen. Diese Ebene kann uns tiefer berühren und aufrütteln als so mancher gut gemeinte Ratschlag.

Geschichten gibt es schon so lange, wie es die Menschheit gibt. Bevor es unsere heutigen Behandlungsmethoden gab, wurden immer schon Geschichten erzählt, die Menschen in ihrem seelischen Entwicklungsprozess unterstützen sollten. Ohne die helfende und heilende Wirkung von Geschichten und Bildern hätte sich die Menschheit sicher nicht so weit entwickelt.

Diese Bilder und Geschichten, die wir in den verschiedenen Kulturen finden, wurden von den Alten und Wissenden erzählt, aber auch von Schamanen als Heilkundigen unserer Vorfahren, die einen direkteren Draht zur Schöpfung hatten. In unserer Kultur nennen wir sie Priester oder Seelsorger. Der Papst etwa wird auch Pontifex genannt. Dieses Wort aus dem Lateinischen bedeutet Brückenbauer.

Die **Schamanen**, die früher auf allen Kontinenten tätig waren, können eine Brücke zwischen unserer Seele und der Schöpfung herstellen. Die Hexe wurde so genannt, weil in ihrem Namen »die Hecke« anklingt, auf der sie sitzt. Die Hecke markiert den Übergang zwischen der hiesigen, uns vertrauten Realität und der spirituellen Ebene, der so-genannten »anderen Welt«.

Aus meiner Sicht ist Bileam so ein Schamane. In der Bibel werden sie so nicht genannt, dort nennt man sie Seher oder Propheten, später sind es die Apostel. Sie haben Zugang zu dieser anderen Welt und können uns Informationen daraus bringen, wenn wir sie brauchen. Sie verstehen die Sprache der Seele und der Schöpfung und erzählen in Bildern Geschichten aus dieser anderen Welt.

So sind wir wieder an diesem Punkt: Wenn ein Bild, eine Geschichte, das Wort des Therapeuten oder ein homöopathisches Mittel auf einer tieferen Ebene die Seele berühren, dann **kommt die Seele in Bewegung**. Dann geschieht etwas und es ist möglich, in Handlung zu kommen. Damit beginnt die Veränderung.

Der Schamane hat viele Möglichkeiten, Botschaften zu überbringen. Wenn ein Patient einen Traum erzählt, der ihn nicht loslässt, ihn emotional berührt, kann es hilfreich sein, dessen Botschaft einzuordnen.

Es geht nicht darum, welchen Symbolen welche allgemeingültige Bedeutung zugeschrieben wird. Das ist nicht meine Sicht der Dinge. Es geht um die **individuelle Interpretation des Traumes**, denn er enthält eine persönliche Botschaft. Jeder träumt anders. Es ist wichtig, diesen Traum aus dem speziellen seelischen Kontext des Klienten zu deuten.

Der Schamane kann **Trommelreisen** in die andere Welt machen, um dort Informationen zu finden, die für seinen Klienten relevant sind. Aber er kann in so einer Trommelreise auch Karma lösen, Flüche oder Schwüre aufheben. Er ist in der Lage, Kontakt zu Ahnen aufnehmen und ins Totenreich zu reisen. Er kann Seelenanteile zurückholen. All dies kann je nach Bedarf hilfreich sein, um die Perspektive neu auszurichten und dabei die Seele zu berühren.

Eine faszinierende Möglichkeit ist es, direkt **die Anteile unserer Seele sichtbar zu machen** und sie harmonisch zu ordnen. Hilfsmittel dazu ist die **dynamische Seelenaufstellung**. Nein, dabei handelt es sich nicht um systemische Aufstellung oder eine Aufstellung nach Hellinger, wie sie in der Psychotherapie bekannt sind.

Bei der dynamischen Seelenaufstellung werden Teile der Seele sichtbar und erlebbar gemacht. Dazu kommt die Veränderung in der Neuordnung dieser Anteile. Dabei durchläuft der Klient einen Prozess, der ihn auch an seine bisherigen Grenzen führt, um **mit einer neuen Sicht eine neue Ordnung herzustellen**.

Der Klient darf also in dieser Aufstellungsart an den Punkt kommen, an dem er die Augen öffnet und Dinge erkennt, die er bisher nicht sehen wollte. Dabei begegnet er auch Gefühlen wie beispielsweise Angst, Traurigkeit oder Wut. Er wird berührt und seine Seele findet Wege, um in eine neue Harmonie zu kommen.

Die Settings für solche Aufstellungen wechseln je nach Thema. Sie sind immer individuell ausgerichtet, damit der Klient weiterführende Erfahrungen machen kann. Auch hier geht es um Erkennen und Berührtwerden. Und es geht um das Neuschreiben der eigenen Geschichte.

In meinem jahrzehntelangen Bestreben, die Seele tiefer zu begreifen, durfte ich diese vier Methoden erkennen und lernen, mit ihnen zu arbeiten: Psychotherapie, klassische Homöopathie, Bilder und Geschichten und schließlich der Schamanismus. Alle vier Bereiche sind in der Lage, die Seele zu berühren und sie in Bewegung zu setzen.

Für mich sind es keine nebeneinander existierenden Theorien, sondern ich sehe sie ganzheitlich. Sie befruchten und ergänzen sich in einem synergetischen Effekt auf wunderbare Weise und in der Kombination sind sie besonders hilfreich. Wenn ich die verschiedenen Ebenen für die seelische Entwicklung eines Klienten einfließen lasse, kann viel in Bewegung gebracht werden. Wesentlich mehr als bei jeder Methode allein.

Zusammenfassung

In meiner jahrzehntelangen Arbeit durfte ich diese vier Wege erkennen und vertiefen, mit denen die Seele erreicht werden kann: klassische Homöopathie, das erkenntnisreiche psychotherapeutische Gespräch, die Kraft von inneren Bildern und Geschichten und schließlich die Botschaften aus der anderen Welt, die uns ein Schamane bringen kann. Ihre Kombination gibt uns die Möglichkeit, die Seele tief zu berühren, unbewusste Hürden zu überwinden und die Perspektive zu wechseln. Auf diese Weise leiten wir einen Entwicklungs-, Wachstums- und Heilungsprozess ein und unterstützen die Arbeit der Seele.

6. Ausblick

Mit der Geschichte Bileams bekommen wir einen tiefen Einblick in unsere Seele, wenn wir sie **auf unser Leben übertragen**. Wir können dabei die einzelnen Schritte der seelischen Entwicklung erkennen und begreifen, wie dieser Prozess zunächst unbewusst abläuft.

Auf der unbewussten Ebene gibt es schon Wahrnehmungen, bevor sie ins Bewusstsein kommen. Tiefere Schichten reagieren frühzeitig auf diese Wahrnehmungen. Und wir, die wir uns dessen noch nicht bewusst sein können, verstehen diese Reaktionen nicht. Unser Körper signalisiert vielleicht mit Symptomen, dass etwas nicht stimmt. Oder wir leiden auf der emotionalen Ebene, indem wir niedergeschlagen sind, vielleicht sogar Ängste oder eine depressive Verstimmung entwickeln.

Wir fragen dann gern nach dem **Warum**. Aber diese Frage führt uns nicht weiter. Wir drehen uns im Kreis, grübeln endlos und kommen zu keiner Antwort. Dies sind oft die Fragen, die uns zu Beginn einer solchen Entwicklung quälen: »Warum ist das so?«, »Warum passiert ausgerechnet mir das?«, »Warum stellen sich mir Hindernisse in den Weg, obwohl ich gerade ein wichtiges Ziel erreichen will?«.

Warum? Warum? Interessanterweise fragt sich Bileam das nicht. Er ist in dieser Hinsicht schon weiter als so mancher von uns, denn er ist im Vertrauen. Er hat die Gewissheit, auf dem richtigen Weg zu sein, und reagiert eher ärgerlich und wütend auf die Hindernisse.

Das ist ohne Zweifel eine bessere Reaktion als die Frage nach dem Warum, denn Bileam schreitet voran und handelt. Die Frage nach dem Warum bremst uns hingegen oft zusätzlich aus und hindert uns am Handeln. Denn wir glauben, erst wenn wir eine Antwort darauf gefunden haben, wissen wir, was als Nächstes zu tun ist.

Das ist der Versuch, eine Lösung auf der Verstandesebene zu finden. Aber wie wir jetzt wissen, finden wir dort nie die Lösung. **Wir brauchen eine neue Erkenntnis.** Und die kann uns der Verstand nicht liefern.

Der Verstand schaut nur zurück. **Die richtige Warum-Frage** kann uns immerhin zum Innehalten bringen. Denn als die Eselin fragt: »Was habe ich dir denn getan, dass du mich nun schon dreimal geschlagen hast?« (4. Buch Mose, Kapitel 22, Vers 28), wird Bileam klar, dass etwas nicht stimmen kann. Die Eselin will keine logische Begründung oder Rechtfertigung. Sie fragt, um einen Widerspruch aufzuzeigen. Es ist eine rein **rhetorische Frage**. Das ist wichtig zu unterscheiden.

Bileam grübelt nicht über diese rhetorische Frage nach, sondern es wird ihm etwas bewusst. Fragen sind also wichtig. Aber es sollten Fragen sein, die uns aufrütteln und berühren. Sie sollten nicht zu einer **Endlosschleife** der Gedanken führen wie die üblichen Warum-Fragen.

Begreifen wir also die Geschichte auf einer tieferen Ebene, erlangen wir **Einsicht in unser seelisches Gefüge.** Wir bekommen eine Idee davon, wie sich unsere Seele entfaltet, wie sie zum Bewusstsein kommt und wie sie mit der Schöpfung verbunden ist.

Es gibt Kräfte in uns, die uns voranschreiten lassen. Es gibt Impulse, die uns in Bewegung bringen. Es gibt Reaktionen auf einer unbewussten Ebene. Und es gibt Hindernisse, die uns ausbremsen und zugleich aufrütteln können. Es gibt den kritischen Punkt, an dem wir Augen und Ohren öffnen. Dabei wird uns etwas bewusst, das wir vorher nicht erkennen konnten. Wir entwickeln neue Fähigkeiten, aktivieren schlummernde Talente in uns.

In einem solchen Prozess entwickeln wir uns weiter. **Wir wachsen.** Es gibt kein Wachstum, wenn wir nicht unsere bisherigen Grenzen überschreiten. An dieser Grenze wacht immer die Angst über uns, die uns vor möglichen Gefahren warnen will. Wir kommen unweigerlich an diesen Punkt, an dem wir ans Aufgeben denken, denn mit unseren bisherigen Möglichkeiten und Fähigkeiten kommen wir nicht mehr weiter. Wenn wir aber **die Angst überwinden** und uns auf das Neue einlassen, wird Wachstum möglich.

Solche Prozesse durchleben wir immer wieder im Leben. Wir machen ständig neue Entwicklungsschritte. Dabei verändern wir uns. Wir gehen über das Bisherige hinaus. Manchmal gehen diese Veränderungen ohne große Belastungen vor sich, wir fließen geradezu in die neue Ebene hinein. Es muss nicht immer mit Hindernissen ablaufen, wie es bei Bileam erzählt wird.

Wollen wir größere Entwicklungsschritte machen, geraten wir allerdings oft in diesen Bileam-Prozess. Es ist wichtig, dass wir um die Bedeutung dieses Prozesses wissen. Wenn wir begreifen, dass so etwas geschehen kann, **können wir damit besser umgehen**.

Dann bleiben wir nicht in sinnlosen Verstandesfragen nach dem Warum hängen, sondern schreiten trotz Hindernissen auf unserem Weg voran. Wir wissen, dass wir auf diesen **toten Punkt** treffen können und ihn überwinden müssen. Wir wissen, dass wir auf unsere Gefühle achten sollen, auf unsere Intuitionen, auf Informationen von außen, denn der nächste Schritt will sich zeigen. **Er will wahrgenommen werden. Er will gefühlt werden.**

Erkenntnis ist die Mutter der Entwicklung. Aber Erkenntnis ist nicht gleich Erkenntnis. Wenn sie nur auf der Verstandesebene abläuft, bleibt sie zwangsläufig in der Sackgasse des »Ich müsste, ich sollte« stecken. Wir kommen nicht zu einer Entscheidung und nicht in Bewegung.

Nur wenn wir betroffen und berührt sind, wenn wir emotional reagieren, können sich unsere Augen und Ohren öffnen. Wer allein im Verstand verharrt, kommt nicht weiter.

Wir sind aufgerufen, uns **auf die emotionale Ebene einzulassen**. Egal welche Gefühle hochkommen.

Hier gibt uns die Geschichte von Bileam ein wichtiges Beispiel, denn beim Lesen neigen wir dazu, seine Wut abzulehnen, zumal sie in körperliche Gewalt umschlägt. Ich denke, diese Geschichte will uns nachdrücklich vor Augen führen, auch Wut zuzulassen. Es geht natürlich nicht darum, Gewalt zu rechtfertigen, aber es ist wichtig, **uns unserer Wut bewusst zu werden** und uns von ihr aufrütteln zu lassen.

Als Bileam durch die Frage der Eselin bewusstwird, dass er gerade gewalttätig wird, **erkennt er den Widerspruch**, denn die Eselin hatte ihn immer anstandslos getragen. Das ist ein Schockmoment für Bileam: »Was tue ich hier bloß, was fühle ich gerade?«

Dieser Moment ist sehr wichtig. Die Gefühle zuzulassen und sich ihrer bewusst zu werden, öffnet Bileam, öffnet auch uns für den nächsten Schritt. Es ist wichtig, diese Passage der Geschichte emotional zu begreifen. Es geht um Gefühle, die uns helfen, die Augen zu öffnen. Es geht nicht um rationale Überlegungen.

Es ist mir wichtig, das zu betonen. Wir neigen dazu, Probleme oder Hindernisse zu durchdenken, aber das Denken kann nur zurückschauen und nicht kreativ nach vorne wirken. Deswegen sprechen wir auch vom **Nach-Denken**, es meint das Zurückschauen. Aber **Weiterentwicklung**

ist immer ein kreativer, kein logisch-analytischer Prozess.

Die Geschichte Bileams erinnert uns daran, dass es um diese Ebene geht, aber natürlich zeigt sie uns nicht nur den kritischen Punkt, sondern auch den Weg dorthin. Wenn wir akzeptieren, dass es so wie bei Bileam ablaufen kann, **können wir Leid und Hindernisse anders einordnen und bewerten**. Wir entwickeln eine neue Perspektive.

Verharren wir im Leid, weil wir kein Verständnis für unsere seelische Entwicklung haben, dann halten wir oft an der **Opferrolle** fest. Wir empfinden Situationen als ungerecht und unfair und klagen Gott und die Welt an. Wir akzeptieren nicht.

Der erste Schritt aber ist immer **die Akzeptanz**. Stecken wir im Hadern fest, kommen wir nicht voran. Genau diese Haltung zeigt uns Bileam durch sein Verhalten: Er ist zwar im kritischen Punkt bereit für die Aufgabe, für die Kapitulation, aber er zweifelt und hadert nicht. **Er geht voran und akzeptiert jede Situation, egal wie sie sich zeigt.** Er lässt seine Gefühle zu und steuert auf den Wandlungspunkt in der Krise zu. **Unbeirrt, im Vertrauen und im Glauben.**

Geschichten wie diese sind Gold wert, denn sie sagen mehr als tausend Erklärungen. Lassen wir uns auf Bileam ein und gehen mit ihm innerlich diesen Weg, dann spüren wir die emotionale Ebene, auf der er sich bewegt. Ohne dass es in der Geschichte explizit mit Worten beschrieben wird, spüren wir sein Zutrauen, sein Vertrauen, seinen Glauben. Er verlässt sich auf das, was ihm die Schöpfung offenbart, ohne daran zu zweifeln.

Bei diesem Thema werde ich an den ersten Psalm erinnert. Nein, da wird nicht direkt von Zweifel gesprochen, aber von den Gottlosen, Sündern und Spöttern. Also denen, die nicht glauben. Und die, die nicht glauben, ziehen alles in Zweifel. Stattdessen werden die erfolgreich sein, die sich intensiv mit den Weisungen des Herrn beschäftigen. Das sind die, die dem Auftrag, den sie erhalten, vertrauen. Man ordnet die Psalmen der Lyrik zu. Ich sehe aber in dem ersten Psalm durchaus eine kurze Geschichte, die uns über Zweifel und Vertrauen lehrt und aufzeigt, wie wichtig es ist, den Hinweisen der Schöpfung oder der Seele zu folgen. Denn wir können uns beide Situationen, die der Psalm beschreibt, gut vorstellen und uns hineinfühlen: Wie fühlt man sich im Kreis der »Spötter, Sünder und Gottlosen«? Wie geht es uns, wenn wir uns intensiv mit den »Weisungen des Herrn« beschäftigen?

Es geht bei Weitem nicht nur um biblische Geschichten, sie sind allerdings ein unerschöpflicher Fundus an Weisheit, wenn wir lernen, sie auf einer tieferen Ebene zu begreifen. Daneben gibt es enorm viele andere Geschichten, die uns unsere seelischen Prozesse deutlich machen und uns lehren, uns berühren zu lassen und dabei neue Wege für unser eigenes Leben zu finden.

In meiner bereits über 35-jährigen Erfahrung als

psychologischer Psychotherapeut, als klassischer Homöopath und vor allem als Schamane konnte ich viele Zusammenhänge in Geschichten kleiden, die uns bei unseren Bewusstwerdungsprozessen helfen können.

Das Erzählen von Geschichten ist ein wesentlicher Beitrag auf unserem Entwicklungs- und Heilungsweg. Bileam ist dafür ein hervorragendes Beispiel. Wenn wir bedenken, **welch kurze Geschichte** es ist, ist es umso erstaunlicher, **was sie uns alles lehrt**. Diese Geschichte nimmt uns die Angst vor Hindernissen und Problemen. Ja, sie führt uns auch die Chancen eines kritischen Punktes vor Augen. Eines Punktes, dem wir im Leben immer wieder begegnen werden. Sie schenkt uns Zuversicht.

Sie zeigt uns auch, dass ein anfänglicher Impuls, von innen oder von außen, einen ganzen **Prozess einleitet, der schließlich in eine neue Kompetenz mündet**. Diese Geschichte macht Mut, sich auf seine Impulse und Gefühle einzulassen, auch wenn wir auf dem Weg mit Schwierigkeiten rechnen müssen.

Wir sind nicht hier, um uns auszuruhen und ein Leben lang Urlaub zu machen. Das ist als Phase durchaus wichtig, aber eben kein Dauerzustand. Wir sind hier, um uns weiterzuentwickeln und zu wachsen. Wir sind hier, um heiler zu werden. Und dazu ist es essenziell zu erkennen, dass unsere Seele uns in der Kommunikation mit der Schöpfung immer wieder in genau die Situationen führt, in denen wir die Bedingungen vorfinden, um etwas Bestimmtes zu lernen.

Werden wir einst diese Welt verlassen, nehmen wir unsere Erinnerungen, unsere Erfahrungen, unsere Wachstumsschritte mit. **Wir sind hier auf diesem Planeten, um diese Erfahrungen zu machen.**

Wäre unsere Erde bereits das Paradies, könnten wir uns nicht weiterentwickeln. Wir brauchen diesen **unvollkommenen Planeten**, damit wir immer wieder mit neuen Impulsen und unerwarteten Problemen konfrontiert werden, um Letztere zu überwinden und selbst zu wachsen.

Ist der Begriff Problem überhaupt passend? Ein Problem ist ein **Wachstumsfeld**. Es fordert uns auf, darüber hinauszuwachsen und uns zu entwickeln. Dies ist wieder eine andere Perspektive, denn Probleme sind bei uns negativ bewertet. Sie verursachen zunächst negative Gefühle. **Wir wollen es einfach nicht, das Problem**. Wir gehen erst mal in die Nichtakzeptanz. Und da bleiben wir hängen, bis wir die Situation annehmen und uns dann von unserer Seele führen lassen.

Es gibt eine Lösung für unser Problem. Aber **ein Problem wird niemals auf der Ebene gelöst, auf der es entstanden ist.** Wir müssen immer darüber hinauswachsen. Und dazu fordert uns dieses Wachstumsfeld auf.

Aber wir sehen in der Geschichte nicht nur die Wachstumsmöglichkeit für Bileam, wie es auch bei unseren Problemen nicht nur um uns selbst geht. Es geht auch um das große Ganze. Ich kann es nicht oft genug erwähnen: Wenn wir wachsen, wenn wir unseren Weg gehen, **dann dienen wir auch anderen**. Denn mit jeder Fähigkeit, jedem Talent, das wir entwickeln, können wir anderen helfen und sie in ihrem eigenen Prozess unterstützen.

Unsere gereifte Präsenz zeitigt Wirkung auf das ganze System. Ich habe das oft in meinen Behandlungen erleben dürfen: Macht der Klient seinen Wachstumsschritt und geht in seine Veränderung, dann hat das Auswirkungen auf das Umfeld, in dem er lebt. Ob das nun die Familie ist, das berufliche Umfeld oder der Freundeskreis. Verändert sich der Klient und geht er neue Wege, dann reagiert auch die Umgebung.

Zugegeben, die Mitmenschen reagieren nicht immer nur freundlich, haben sie sich doch an den Klienten gewöhnt. Verändert er sich, müssen sie seine Veränderung akzeptieren und womöglich selbst wachsen. Das bedeutet, dass das gesamte System in Veränderung gehen muss. Das provoziert immer mal Widerstände.

Aber auch die sind wichtig, denn der Klient muss entscheiden, ob er bei seiner Veränderung bleibt, auch bei Gegenwind, oder ob er wieder in sein altes Verhaltensmuster zurückfällt. **Wir werden auf unserem Weg auch geprüft.**

Fühlen wir uns von der Geschichte Bileams angesprochen, dann geht unsere Seele damit in Resonanz. Immer wenn wir in Resonanz gehen, signalisiert uns die Seele, dass wir tiefer in ein Thema eintauchen wollen. **Resonanz ist ein**

wichtiges Prinzip. Wenn wir sie wahrnehmen, ist es wichtig, **unseren Impulsen zu folgen**.

Gehen wir nicht mit der Geschichte in Resonanz, dann hören wir irgendwann auf, sie weiterzulesen. Dann ist unsere Seele im Moment noch nicht bereit, sich mit diesem Thema zu beschäftigen. Das ist in Ordnung, denn jeder steht in seinem Leben an einem bestimmten Punkt. Die Seele sucht nach dem nächsten Schritt in ihrer Entwicklung und **führt uns zu bestimmten Informationen**. Manchmal eben auch zu einem Buch.

Dann **spüren** wir, ob uns das auf unserem Weg unterstützt und ob wir diesen Weg weiter beschreiten sollten, oder eben nicht. Ich selbst habe viele Bücher gelesen. Manche waren weniger interessant, viele waren sehr hilfreich und andere haben mein Leben verändert. Es ist also wichtig, **in sich hineinzuhorchen**.

Wie reagiert die eigene Seele nun auf die Geschichte von Bileam? Wie reagiert sie auf die Hinweise in diesem Buch? Wie ordnen wir die Geschichte des biblischen Sehers ein? Was sagen unsere Gefühle?

Haben wir schon lernen können, die Sprache der Seele zu verstehen? Sind wir bereits achtsam für innere oder äußere Impulse? Reagieren wir auf innere Bilder, Träume und Geschichten? Folgen wir unserer Intuition?

Welche Rolle spielt unser Verstand in unserem Leben?

Konzentriert er sich auf seine besonderen Fähigkeiten, Zusammenhänge zu verstehen und aus bekannten Faktoren Schlussfolgerungen zu ziehen? Oder probiert er, uns mit Warum-Fragen zu blockieren? Versuchen wir, mit dem Verstand Probleme zu lösen, die er gar nicht lösen kann?

Lassen wir solche Fragen zu? Was lösen sie in uns aus? Welche Gefühle kommen hoch? Welche Impulse erwachen in uns? Können wir so manche Szene in der Geschichte Bileams in unserem Leben wiederentdecken? Ist uns das, was wir da lesen, völlig fremd? Oder gehen wir mit der Geschichte und dieser Interpretation in Resonanz?

Zusammenfassung

Das Wissen um den Bileam-Prozess kann uns helfen, unsere persönliche Entwicklung neu einzuordnen. Die Geschichte zeigt uns eine andere Perspektive auf. Können wir diese Sicht annehmen, lernen wir, unsere eigenen Prozesse anders zu bewerten. Wir kommen raus aus der negativen Einstellung, in der wir das ablehnen, was gerade in unserem Leben passiert. Wir entwickeln ein Verständnis, das uns die Bedeutung von Hindernissen und Problemen neu beurteilen lässt. Wir fangen an, uns auf unseren Prozess emotional einzulassen, statt zu hadern und zu klagen. Wir lernen zu akzeptieren, dass es Hindernisse und Krisen im Leben gibt.

In diesem Wissen verharren wir nicht mehr im Kampf, sondern gelangen in die Akzeptanz. Wir erkennen auch, dass unsere eigene Entwicklung anderen dient und ihnen hilfreich ist. Wir sind in dieser Welt, die Entwicklung möglich macht, nicht allein, sondern können für andere da sein, wenn wir unsere Talente und Fähigkeiten einsetzen und zulassen, gemeinsam immer weiterzuwachsen.

IV. Über den Autor

Winfried Stöhr (geb. 1958) ist Diplompsychologe und psychologischer Psychotherapeut, Heilpraktiker und klassischer Homöopath sowie Schamane. Seit über 35 Jahren führt er seine psychotherapeutische Praxis in Neunkirchen im Saarland. Er arbeitet auch als Schamane in Einzel- und Gruppenarbeiten, führt dynamische Seelenaufstellungen durch und gibt Seminare, in denen er sein Wissen weitergibt und die Möglichkeiten eröffnet, den eigenen Entwicklungsprozess zu vertiefen. Er bringt als Wayatan (Seher und Träumer) seine reichhaltige Erfahrung mit Geschichten, Mythen, Gleichnissen und inneren Bildern ein, um die Seele auf einer tieferen Ebene zu berühren. Ist unsere Seele berührt, zeigt sie uns die nächsten Schritte auf.

V. Anhang

1. Der Seher Bileam, 4. Buch Mose, 22-24

Balaks Auftrag an den Seher Bileam

/22\ 1 Die Israeliten brachen wieder auf und schlugen ihr Lager in den Steppen Moabs auf, gegenüber von Jericho, auf der Ostseite des Jordan. 2 Balak Ben-Zippor sah alles, was Israel den Amoritern angetan hatte. 3 Und Moab fürchtete sich sehr vor diesem Volk, weil sie sahen, wie groß es war. Das Grauen vor den Israeliten hatte sie gepackt. 4 Da ließen die Moabiter den Ältesten von Midian sagen: »Nun wird dieser Haufen alles um uns herum abfressen, wie das Rind das letzte Grün auf dem Feld abfrisst.« Balak Ben-Zippor war damals König von Moab. 5 Er schickte Boten zu Bileam Ben-Beor nach Petor* am Euphrat, wo Leute aus seinem Volk lebten, um ihn zu rufen. Er ließ ihm sagen: »Da ist ein Volk aus Ägypten herangezogen, das schon das ganze Land bedeckt. Es hat sich direkt neben mir niedergelassen. 6 Komm doch und verfluche dieses Volk, denn es ist mir zu stark! Vielleicht kann ich es dann schlagen und aus dem Land vertreiben. Ich weiß ja: Wen du segnest, der ist gesegnet, und wen du verfluchst, der ist verflucht.« 7 Da gingen die Ältesten von Moab und Midian los. Den Wahrsagerlohn nahmen sie mit. Als sie zu Bileam kamen, richteten sie ihm die Botschaft Balaks aus. 8 Der sagte zu ihnen: »Bleibt heute Nacht hier, dann will ich euch Bescheid geben, wie Jahwe zu mir gesprochen hat.« Da blieben die Abgesandten von Moab bei Bileam.

22,5: Petor. Vielleicht Tell el-Abmar, 19 km südlich von Kar-kemisch am Westufer des oberen Euphrat.

9 Gott kam zu Bileam und fragte: »Wer sind diese Männer bei dir?« 10 Bileam erwiderte: »König Balak Ben-Zippor von Moab hat sie zu mir geschickt: 11 Da ist ein Volk aus Ägypten herangezogen, das das ganze Land bedeckt. Komm doch und verfluche es mir! Vielleicht kann ich es dann be-kämpfen und aus dem Land vertreiben.« 12 Doch Gott sagte zu Bileam: »Du sollst nicht mitgehen! Du sollst das Volk nicht verfluchen, denn es ist gesegnet.« 13 Am Morgen stand Bileam auf und sagte zu den Fürsten Balaks: »Ihr müsst allein in euer Land zurück. Jahwe hat sich geweigert, mir zu gestatten, mit euch zu gehen.« 14 Da machten sich die Abgesandten Moabs wieder auf den Weg. Als sie zu Balak kamen, sagten sie: »Bileam hat sich geweigert, mit uns zu gehen.«

15 Da schickte Balak eine noch größere Gesandtschaft von Männern, die noch angesehener waren. 16 Als sie zu Bileam kamen, sagten sie zu ihm: »So spricht Balak Ben-Zippor: Lass dich doch nicht abhalten, zu mir zu kommen! 17 Ich werde dich reich belohnen und alles tun, was du von mir verlangst. Komm doch und verfluche dieses Volk für mich!« 18 Doch Bileam erwiderte den Gesandten Balaks: »Selbst wenn Balak mir sein Haus voll Silber und Gold geben würde, könnte ich den Befehl meines Gottes Jahwe nicht übertreten, weder im Kleinen noch im Großen. 19 Aber bleibt auch ihr die Nacht über bei mir. Dann werde ich erfahren, was Jahwe mir noch sagt.« 20 In der Nacht kam

Gott zu Bileam und sagte: »Wenn die Männer gekommen sind, um dich zu holen, dann mach dich auf den Weg! Aber du darfst nur das tun, was ich dir sage!«

Bileams Eselin

21 Am Morgen brach Bileam auf, sattelte seine Eselin und machte sich mit der Gesandtschaft Moabs auf den Weg. 22 Da flammte Gottes Zorn auf, weil er mitging, und der Engel Jahwes* stellte sich ihm als Gegner in den Weg. Bileam ritt gerade auf seiner Eselin und wurde von zwei Dienern begleitet. 23 Die Eselin sah den Engel Jahwes mit dem gezückten Schwert auf dem Weg stehen. Sie wich vom Weg ab und ging auf dem Feld weiter. Bileam schlug sie und trieb sie auf den Weg zurück. 24 Da stellte sich der Engel Jahwes in einen Hohlweg zwischen den Weinbergen. Links und rechts waren Mauern. 25 Die Eselin sah den Engel Jahwes und drückte sich an die Mauer. Dabei drückte sie den Fuß Bileams an die Wand. Da schlug er sie wieder. 26 Der Engel Jahwes ging nochmals ein Stück weiter und trat an eine so enge Stelle, dass es keine Möglichkeit zum Ausweichen gab, weder rechts noch links. 27 Als die Eselin ihn sah, legte sie sich unter Bileam hin. Bileam schlug wütend mit dem Stock auf sie ein.

22,22: Der Engel Jahwes (oder auch: Gottes) war kein gewöhnlicher Engel, sondern der Messias vor seiner Menschwerdung.

28 Da ließ Jahwe die Eselin sprechen. Sie sagte zu Bileam:

»Was habe ich dir denn getan, dass du mich nun schon dreimal geschlagen hast?« 29 »Weil du mich zum Narren hältst«, schrie Bileam. »Hätte ich nur ein Schwert in der Hand, wärst du jetzt schon tot.« 30 Das Tier erwiderte: »Bin ich nicht deine Eselin, auf der du zeitlebens geritten bist? Habe ich jemals so reagiert wie heute?« – »Nein«, sagte er. 31 Da öffnete Jahwe ihm die Augen, und er sah den Engel Jahwes mit dem gezückten Schwert auf dem Weg. Bileam beugte sich und warf sich dann ganz nieder, das Gesicht auf dem Boden. 32 Der Engel Jahwes sagte zu ihm: »Warum hast du deine Eselin nun schon dreimal geschlagen? Ich selbst habe mich gegen dich gestellt. Denn dein Weg ist ganz gegen mich. 33 Die Eselin sah mich und wich vor mir aus, nun schon dreimal! Hätte sie das nicht getan, dann hätte ich dich erschlagen und sie am Leben gelassen.« 34 Da sagte Bileam zu dem Engel Jahwes: »Ich habe Unrecht getan. Ich habe nicht gemerkt, dass du dich mir entgegengestellt hast. Wenn dir nun die Sache missfällt, will ich umkehren.« 35 »Geh mit den Männern!«, sagte der Engel Jahwes. »Aber du darfst nur das aussprechen, was ich dir sage!« So zog Bileam mit der Gesandtschaft Balaks weiter.

Bileam trifft Balak

36 Als Balak hörte, dass Bileam zu ihm unterwegs war, zog er ihm bis zur Grenzstadt Moabs am Arnonfluss entgegen. 37 »Warum bist du nicht gleich gekommen?«, sagte er zu Bileam. »Ich habe doch dringend nach dir geschickt! Kann ich dich vielleicht nicht angemessen belohnen?« 38 »Nun

bin ich ja hier«, erwiderte Bileam. »Ob ich aber wirklich etwas sagen kann, weiß ich nicht. Ich werde nur das sagen, was Gott mir befiehlt.« 39 Bileam ging mit Balak bis nach Kirjat-Huzot*. 40 Dort ließ der König Rinder, Schafe und Ziegen für ein Opfermahl schlachten und bewirtete Bileam und die Fürsten, die bei ihm waren. 41 Am nächsten Morgen ging Balak mit Bileam auf die Baalshöhen. Von dort aus konnte er ein kleines Stück von Israel sehen.

22,39: Kirjat-Huzot. Die genaue Ortslage ist unbekannt.

Bileams erster Spruch

/23\ 1 Bileam sagte zu Balak: »Errichte mir hier sieben Altäre und halte mir sieben Stiere und sieben Schafböcke bereit.« 2 Balak tat, was Bileam gesagt hatte, und beide opferten auf jedem Altar einen Stier und einen Schafbock. 3 Dann sagte Bileam zu Balak: »Bleib hier neben deinem Brandopfer stehen! Ich aber will ein Stück weggehen. Vielleicht wird Jahwe mir begegnen. Und was er mich sehen lassen wird, werde ich dir berichten.« Bileam stieg auf eine kahle Anhöhe. 4 Gott kam Bileam entgegen. Dieser sagte zu ihm: »Die sieben Altäre habe ich errichtet und auf jedem Altar einen Stier und einen Schafbock geopfert.« 5 Da legte Jahwe einen Spruch in den Mund Bileams und schickte ihn zu Balak zurück. 6 Balak stand noch bei seinem Brandopfer. Und alle Fürsten Moabs waren bei ihm. 7 Bileam begann seinen Spruch:

»Aus Syrien führte Balak mich her, / Moabs König von den Bergen des Ostens: / Komm, verfluche Jakob für mich, / ja, komm, verfluche Israel. 8 Wie kann ich fluchen, wem Gott nicht flucht, / wie soll ich drohen, wem Jahwe nicht droht? 9 Vom Gipfel der Felsen sehe ich es, / ich erblicke es vom Hügel aus. / Seht, ein Volk, das abgesondert wohnt / und sich nicht zu den anderen Völkern zählt. 10 Wer kann zählen die Staubkörner Jakobs / und misst auch nur ein Viertel Israels? / Den Tod der Aufrechten möchte ich sterben, / mein Ende sei dem ihren gleich.«

11 Da sagte Balak zu Bileam: »Was hast du mir da angetan? Ich habe dich holen lassen, um meine Feinde zu verfluchen, und stattdessen segnest du sie!« 12 Bileam erwiderte: »Ich darf doch nur das sagen, was Jahwe mir in den Mund legt!«

Bileams zweiter Spruch

13 Da sagte Balak zu ihm: »Komm mit an eine andere Stelle, von wo aus du das Volk sehen kannst. Du wirst freilich nur einen Bruchteil von ihm sehen, ganz überblicken kannst du es nicht. Und dort verfluche es für mich.« 14 Er nahm ihn mit zum Beobachtungsplatz auf den Gipfel des Pisga. Auch dort ließ er sieben Altäre bauen und opferte einen Stier und einen Schafbock auf jedem. 15 Bileam sagte zu Balak: »Stell dich hier neben dein Brandopfer, ich aber will dort auf eine Begegnung warten.« 16 Jahwe kam zu Bileam,

legte ihm einen Spruch in den Mund und schickte ihn zu Balak zurück. 17 Balak stand mit den Fürsten Moabs noch bei seinem Brandopfer und fragte: »Was hat Jahwe gesagt?« 18 Bileam begann seinen Spruch:

»Steh auf, Balak, und höre, / Ben-Zippor, hör zu! 19 Gott ist ja kein Mensch, der lügt, / kein Menschensohn, der etwas bereut. / Wenn er etwas sagt, dann tut er es auch, / und was er verspricht, das hält er gewiss. 20 Er wies mich an, das Volk zu segnen. / Er hat gesegnet, ich kann es nicht ändern! 21 Er sieht nichts Böses in Jakob, / kein Unglück wird Israel treffen. / Denn Jahwe, sein Gott, ist mit ihm, / und diesem König jubeln sie zu. 22 Gott hat sie aus Ägypten geführt, / stark wie die Hörner des Wildstiers sind sie. 23 Gegen Jakob wirkt keine Zauberei, / gegen Israel hilft Wahrsagen nicht. / Jetzt sagt man von ihnen: / Was hat Gott alles gewirkt! 24 Schau, ein Volk wie ein Löwe, der aufsteht, / eine Löwin, die sich erhebt! / Es legt sich nicht hin, bis es Beute verzehrt / und das Blut der Erschlagenen trinkt.«

25 Da sagte Balak zu Bileam: »Wenn du sie schon nicht verfluchen kannst, dann segne sie nicht auch noch!« 26 Aber Bileam erwiderte: »Ich habe dir doch schon gesagt, dass ich nur das machen kann, was Jahwe mir befiehlt.«

Bileams dritter Spruch

27 Da sagte Balak zu Bileam: »Komm mit an eine andere Stelle. Vielleicht ist es Gott recht, wenn du mir das Volk von dort aus verfluchst.« 28 Balak führte Bileam auf den Gipfel

des Peor, von dem aus man das untere Jordantal sieht. 29 Bileam sagte zu Balak: »Errichte mir hier sieben Altäre und halte mir sieben Stiere und sieben Schafböcke bereit.« 30 Balak tat, was Bileam gesagt hatte, und opferte einen Stier und einen Schafbock auf jedem Altar.

/24\ 1 Bileam wusste nun, dass Jahwe Israel segnen wollte. So ging er nicht wie die vorigen Male aus, um Wahrsagezeichen zu finden, sondern wandte sein Gesicht der Wüste zu. 2 Er richtete seinen Blick auf die Israeliten, die dort nach ihren Stämmen geordnet lagerten. Da kam der Geist Gottes über ihn, 3 und er begann seinen Spruch:

»Es spricht Bileam Ben-Beor, / der Mann mit offenen Augen. 4 Es spricht der, der Gottesworte hört, / der eine Schau des Allmächtigen hat, / hingesunken mit entschleiertem Blick.

5 Wie schön sind deine Zelte, Jakob, / und deine Heime, Israel! 6 Wie Täler ziehen sie sich hin, / wie Gärten am Strom, / wie Aloebäume* von Jahwe gepflanzt, / wie Zedern*, die am Wasser stehn. 7 Wasser strömt aus seinen Schöpfeimern, / und seine Saat steht gut bewässert da. / Sein König wird mächtiger als Agag sein. / Sein Königtum wird sich erheben. 8 Gott, der ihn aus Ägypten brachte, / ist stark für ihn wie ein Stier. / Er wird seine Feinde und Völker verschlingen, / Gebeine zermalmen und Pfeile zerbrechen. 9 Es kauert, liegt da wie ein Löwe / und wie eine Löwin – wer stört es auf? / Ja, wer dich segnet, ist gesegnet, / und wer dir flucht, ist verflucht.«

10 Da wurde Balak wütend über Bileam, er schlug seine Hände zusammen und schrie ihn an: »Meine Feinde zu verfluchen habe ich dich gerufen. Und jetzt hast du sie schon dreimal gesegnet! 11 Mach, dass du fortkommst, wo du hingehörst! Ich hatte dir reiche Belohnung versprochen. Du siehst, Jahwe hat sie dir verwehrt.« 12 Bileam erwiderte Balak: »Schon zu deinen Boten, die du mir geschickt hast, habe ich gesagt: 13 ›Selbst wenn Balak mir sein Haus voll Silber und Gold geben würde, könnte ich den Befehl Jahwes nicht übertreten, um irgendetwas von mir aus zu tun. Ich muss das sagen, was Jahwe mir befiehlt.‹ 14 Pass auf, ich gehe jetzt zu meinem Volk. Vorher werde ich dir aber verkünden, was dieses Volk deinem Volk in Zukunft antun wird.« 15 Er begann seinen Spruch:

»Es spricht Bileam Ben-Beor, / der Mann mit offenen Augen. 16 Es spricht der, der Gottesworte hört, / der Erkenntnisse vom Höchsten hat, / eine Schau des Allmächtigen, / hingesunken mit entschleiertem Blick.

17 Ich sehe ihn, aber nicht jetzt, / ich schaue ihn, aber nicht nah. / Ein Stern tritt aus Jakob hervor, / ein Zepter erhebt sich aus Israel, / das die Schläfen Moabs zerschmettert, / den Scheitel der Nachkommen Sets. 18 Das ganze Seïr wird sein Besitz, / das Land seiner edomitischen Feinde. / Ja, Israel wird mächtig sein. 19 Einer aus Jakob wird herrschen / und auch den vernichten, der aus der Stadt entkommt.«

20 Dann sah er Amalek vor sich und begann seinen Spruch:

»Amalek ist das erste der Völker, / doch zuletzt geht es unter.«

21 Er sah die Keniter vor sich und begann seinen Spruch:

»Dein Wohnsitz, Kain*, ist sicher und fest, / dein Nest ist auf Felsen gebaut. 22 Doch es wird der Verwüstung verfallen, / wenn Assyrien dich in Gefangenschaft führt.«

23 Und weiter sagte Bileam:

»Wehe, wer bleibt dann am Leben, wenn Gott das tut? 24 Schiffe von der Küste der Kittäer* / beugen Assyrien nieder und auch Eber*, / bis auch das zugrunde geht.«

24,6: Aloebäume. Schlanke Bäume, wegen ihres Öls und Dufts sehr gefragt.

24,6: Zeder. Prächtiger Nadelbaum mit ausgebreiteter Krone, kann mehr als 1000 Jahre alt und bis zu 40 m hoch werden.

24,21: Kain. Hier eine andere Bezeichnung für die Keniter.

24,24: Kittäer. Bewohner der Insel Zypern. Hier sind vielleicht auch alle westlichen Mittelmeermächte gemeint.

24,24: Eber ist hier wohl eine poetische Beschreibung Israels, von Hebräer abgeleitet.

25 Dann machte Bileam sich auf den Weg und kehrte an seinen Ort zurück. Auch Balak ging seines Weges.